생각 하나 바꿨을 뿐인데

**BUSINESS SHINRIGAKU NO SEIKOU HOUSOKU 100 WO
1 SATSU NI MATOMETE MIMASHITA**

by Yoshihito Naito
Copyright © 2022 by Yoshihito Naito
All rights reserved.

Originally published in Japan by SEISHUN PUBLISHING CO., LTD., Tokyo.
translation rights arranged with SEISHUN PUBLISHING CO., LTD., Japan
through The English Agency (Japan) Ltd. and Danny Hong Agency

생각 하나 바꿨을 뿐인데

당신의 인생을 바꿔줄
부와 성공을 만드는
행동 심리학

나이토 요시히토 지음 | 박수현 옮김

●●●아이템하우스

시작하며

인터넷에서 비즈니스 심리학을 검색하면 정말 많은 웹사이트가 나옵니다. '업무에 도움이 되는 심리학'이니, '일하며 생긴 고민을 한 방에 해결하는 심리학' 등등 정말 듣기만 해도 현장의 고충을 싹 없앨 수 있을 것 같은 웹사이트는 인터넷 상에 차고 넘칩니다. 그만큼 비즈니스 심리학에 관한 니즈가 많다는 말이기도 합니다.

저 또한 심리학자이기에 재미 삼아 몇 번인가 그런 웹사이트에 들어가 본 적이 있는데, 실린 내용을 읽고는 몹시 실망했습니다. 비즈니스 심리학에 관한 내용 치고는 너무 '수상쩍은' 지식과 기술을 소개하고 있었기 때문입니다.

비즈니스 심리학에 국한된 이야기는 아니지만, 인터넷을 통해 얻을 수 있는 지식에는 어딘가 모르게 속임수 같은 것이 많습니다. 뭐, 무료로 제공하는 지식이니 딱히 뭐라고 평가하고 자시고 할 수는 없습니다(웃음).

이 책은 그런 웹사이트들과는 다릅니다.

여러분께서 돈을 내고 책을 사시는 이상 '양질의 지식만' 제공할 것을 확실히 약속드립니다.

이 책에서 다루는 100가지 소재는 전부 심리학 전문 잡지에서 발표한 논문에 근거한 내용들입니다. 사이비 웹사이트에서는 찾아볼 수 없는 양질의 정보들입니다.

저는 '아무리 재미있어도 근거 없는 이야기는 별로인데….' 싶은 분들을 위해 이 책을 집필했습니다. 저도 근거 없는 이야기를 좋아하지 않습니다. 그렇기에 제대로 된 사실(증거)에 입각한 지식을 얻고자 하는 분들은 이 책을 꼭 읽어보시기 바랍니다.

참고로 '비즈니스 심리학'은 상당히 포괄적인 학문입니다. 심리학에는 다양한 영역이 있는데 조직 심리학, 신경 심리학, 경영 심리학, 문화 심리학, 광고 심리학, 소비자 심리학, 산업 심리학, 행동 경제학 등으로 분류되는 영역에서 비즈니스에 관련된 심리학들을 모아서 '비즈니스 심리학'이라고 합니다.

따라서 이 책에서도 되도록 폭넓고 다양한 비즈니스 심리학을 다루고자 합니다.

'리더십에 관해서만 배우고 싶어!', '영업 기술만 알려줬으면 좋겠어!' 하는 분은 죄송하지만, 개별 전문서를 읽으시는 편이 낫습니다. 본래 '비즈니스 심리학'은 '여러 심리학의 총합' 같은 학문이어서 이 책에서도 여러 가지 내용을 다룹니다.

덧붙여 이 책은 처음부터 끝까지 전문적인 논문에 근거한 내용으로 이루어졌지만 딱딱하지 않도록 구성했으니 부디 편히 읽어주시기를 바랍니다. 분명 여러분의 마음에 드실 것입니다.

제 책의 저자 약력에는 '비즈니스 심리학의 일인자'라고 쓰여 있습니다. 아마도 제가 비즈니스 심리학에 관해 국내에서 강의와 연구를 많이 하다 보니 과분하게 저에게 붙여진 약력인 것 같습니다.

가능한 한 폭넓은 영역의 연구를 소개하며 비즈니스 심리학을 재미있게 소개하려고 했는데, 너무 다양성이 넘쳐서 비즈니스 심리학이 어떤 학문인지 더 알 수 없게 되어버린 분들도 많을 듯합니다. 이렇다 할 것 없이 감각적으로 '무엇이든 가능한 학문'이라고 생각하시면 아마 거의 정답일 것입니다.

잡다한 주제를 가득 담아 수습을 할 수 없게 된 제 초고를 정성스럽게 하나씩 편집해 주신 편집자분께 감사드립니다. 이 책이 매우 쉬웠다면 그것은 전부 다 편집자분의 수고 덕분입니다.

아주 조금이라도 이 책에 담은 지식을 여러분의 비즈니스에서 활용해 주신다면 저자로서 이만큼 기쁜 일은 없습니다. 그리고 이 책이 조금이라도 비즈니스 심리학에 흥미를 느끼는 계기가 되었다면 그 역시 저자로서 기대 이상으로 행복한 일입니다.

_ 나이토 요시히토

CONTENTS

Part 2
호감이 가는 '커뮤니케이션'의 심리 법칙 ----------

Part 3
성공하는 '경영'의 심리 법칙 ----------

Part 4
'조직과 팀'을 강화하는 심리 법칙 ----------

Part 5

의욕과 성과를 높이는 '일하는 방식'의 심리 법칙 ----------

Part 6

감정으로 움직이는 '경제 행동'의 심리 법칙 ----------

Part 7
'행복'과 '풍요'를 손에 넣는 심리 법칙 ----------

THINK

표현할 수 없는 것을 표현하게 하는 성공법칙

Part 1

과학적으로 올바른
'협상'의 심리 법칙

001

사람은 안심이 되면 '예스'라고 하기 쉽다

SWPS 대학교(폴란드)

• •

사람들은 어떤 상황이든 이제 됐다고 안심하는 순간에 마음을 놓게 된다. 사람의 심리란 참 묘해서 자신이 심리적으로든 비즈니스 상으로든 안전하다는 느낌이 드는 순간 왠지 관대한 마음상태가 된다. 이처럼 안심하는 기분이 들 때가 바짝 주의를 기울여야할 때다. 그렇게 긴장이 풀린 상태에서는 다른 사람이 부탁한 일에 무심코 알겠다고 대답하기 쉽기 때문이다.

폴란드 SWPS 대학교의 다리우스 돌린스키는 역 근처에 있던 사람에게 말을 걸어 이렇게 질문했다. "실례합니다. 지갑을 잃어버리지 않으셨나요?" 누구라도 자신의 소중한 지갑을 잃어버렸다고 하면 '큰일이다!' 싶다. 그래서 바로 나오는 행동이 대부분 자기 지갑이 있는지 확인하는 일이다.

그러곤 지갑이 바지주머니에 잘 있으면 바로 "괜찮아요. 지갑 여기 있어요."라고 대답하게 된다. 이때가 바로 실험 도우미가 활약할 시간이다. 실험 도우미는 곧바로 이렇게 부탁한다. "그런데 저는 비영리 단체를 돕고 있는데요. 지적 장애가 있는 아이들을 위해 카드를 사주시지 않겠어요?"

그러면 사람들은 지갑이 있어 안심해서인지 무척 관대해지며 실험대상자의 31.25%의 사람이 카드를 샀다. 갑자기 카드를 사달라고 부탁할 때는 단 9.03%의 사람밖에 사지 않았는데 말이다. 이 실험을 통해 우리는 안심하는 기분이 들면 '예스'라고 하기 쉬워진다는 사실을 알 수 있다.

비즈니스 협상도 마찬가지다.

안심하는 기분이 들면 그만 지나치게 양보해 버리는 우를 범하기도 하니 안심이 될 때일수록 더욱 주위를 살피며 조심해야 한다.

무엇보다 자신의 신변이나 어려운 일을 무사히 잘 해결한 뒤에는 오히려 마음을 다잡고 보다 진지하게 조심스런 행동과 판단을 하는 훈련을 평소 익히도록 해보자. 이렇게 평소 안심하고 편안한 순간엔 좀 더 조심하고 여러 상황을 살펴 진지하게 대처하는 습관을 들이게 되면 비즈니스 현장에서 순간적으로 방심하거나 어이없이 너무 양보해 생각지도 못한 손해를 보는 일들은 대폭 줄일 수 있을 것이다.

협상할 때 약삭빠른 사람은 먼저 상대에게 협상 결렬을 넌지시

비춘 다음에 협상을 이어나간다. 그렇게 상대를 안심시키고 상대가 자신의 요청 사항을 받아들이도록 꾀하기도 한다.

이들이 잘 쓰는 협상방법은 이렇다. 먼저 "죄송합니다. 상황이 바뀌어서 일단 지금까지 논의한 내용을 전부 취소하고 싶어요." 하고 상대를 위협한다. 그러고는 회사에 전화를 거는 척하며 "아, 죄송합니다. 확인해보니 괜찮은 것 같습니다."라며 상대가 안심했을 때 유유히 "그런데 하나 더 부탁하고 싶은 일이 있어요." 하고 자신이 원하는 비장의 카드를 꺼낸다. 따라서 앞서 언급했던 것처럼 평소 안심할 만한 상황에서 더 조심하고 상황을 잘 살피는 습관을 통해 이런 작전에 걸려들지 않도록 주의하자.

002

거울에는 부탁을 더 쉽게
들어주도록 하는 효과가 있다

팔레르모 대학교(이탈리아)

· ·

동료에게 일을 도와달라고 부탁하거나 후배에게 자신의 허드렛일을 떠넘기고 싶을 때는 상대가 화장실에서 돌아온 타이밍을 노리면 의외로 좋은 성과를 얻을 수 있다. 화장실에 가면 아무래도 세면대 거울에 비친 자신의 모습을 보기 때문이다.

거울에는 '부탁을 더 쉽게 들어주도록 하는' 효과가 있다는 사실이 심리학 연구로 밝혀졌다.

이탈리아 팔레르모 대학교의 코스탄자 아바테는 대학생 80명을 두 그룹으로 나누어 다음과 같은 실험을 했다.

조건 A 지름 33cm짜리 거울을 보여주고, 자신의 모습을 보면서 자기 얼굴의 특징을 1분간 이야기해 달라고 한다.

조건 B   어린 여자아이의 사진을 보여주고, 그 여자아이의 특징을 1분간 이야기해 달라고 한다.

물론 조건 A의 목적은 자연스럽게 거울로 자신을 보도록 하는 것이다. B는 비교하기 위해 만든 조건이다.

이 실험의 진짜 실험은 "실험이 끝났다."고 말하면서부터 시작된다. 이때 실험자가 참가자에게 작은 부탁(자기 대신 엽서를 우체통에 넣어달라)을 하고 그 부탁을 들어주는 비율을 조사해 보았다.

그 결과, 실험 직전에 거울로 자신의 얼굴을 본 조건 A 참가자 중에서는 40명 중 28명이 흔쾌히 승낙했다. 반면 비교 조건 B 참가자 중에서 승낙한 사람은 40명 중 5명밖에 되지 않았다. 놀랍게도 실험 결과 거울로 자신을 본 참가자들은 귀찮아도 타인의 부탁을 들어주는 사람이 확실히 늘었다.

조금 유치한 방법일 수도 있지만, 회사에서 누군가에게 무언가를 부탁할 때는 그 전에 거울을 보게끔 하면 소기의 성과를 거둘 수 있다. 다만 갑자기 거울을 내밀고 "여기에 네 얼굴을 비추어 봐."라고 하면 상대방도 깜짝 놀랄 테고 무슨 의도로 그러는지 의심할 수 있으니, 자연스럽게 거울을 보고 '화장실에서 돌아온 직후'가 가장 좋은 타이밍이라고 할 수 있다.

003

단체 메일로 보내지 않는 편이 좋다

이스트캐롤라이나 대학교(미국)

• •

판촉이나 고객 사은 행사 등에 활용하는 단체 메일은 가급적 보내지 않는 편이 소기의 성과를 달성하는 데 더 이익이다. 무엇보다 고객에게 절실하게 원하는 것이 있을 때는 절대로 일제 단체 메일은 보내지 말라. 단체 메일로 '가게에 꼭 한 번 오세요'라고 보내도 어차피 읽지 않으며, 가게에 올 가능성은 제로에 가깝다.

아는 사람에게 무언가를 부탁할 때도 단체 메일로 보내지 않도록 하자. 아무도 도와주지 않을 것이 뻔하다.

우리는 나에게 온 메일이 다른 사람에게도 똑같이 발송되었다는 사실을 알면 '뭐, 나한테만 부탁한 게 아니니 다른 누군가가 해주겠지' 싶은 책임 회피 심리에 빠지게 된다.

이런 현상을 '책임감 분산 현상'이라고 한다. 그렇기에 단체 메일은 전혀 효과가 없다.

이스트캐롤라이나 대학교의 캐리 블레어는 대학생 400명에게 같은 대학교 학생인 척하며 메일로 작은 부탁을 해보았다. 단, 메일을 보면 다른 사람에게도 같은 메일을 보냈음을 알 수 있도록 했다.

그러자 다음 표와 같은 결과가 나왔다고 한다.

2주 이내에 답장하지 않은 사람의 비율

자신에게만 보냈다 ▶ 62%
그 밖에도 1명에게 보냈다 ▶ 67%
그 밖에도 14명에게 보냈다 ▶ 86%
그 밖에도 49명에게 보냈다 ▶ 86%

(출처 : Blair, C. A., et al., 2005)

이 실험을 통해 확실히 많은 사람에게 메일을 보낼수록 답장이 오지 않는다는 것을 한눈에 알 수 있다. 부탁할 때는 '한 명'에게 보내는 편이 절대적인 효과를 발휘한다.

DM이나 팸플릿, 전단지 등에도 같은 원리를 적용할 수 있다.

왠지 많은 사람에게 뿌리는 편이 좋아 보일 수 있지만 사실은 그 반대이며, 되도록 특정 개인에게 보내는 편이 좋다.

생각하나
바꿨을
뿐인데

오늘부터 진짜 원하는 바를 달성하기 위한 비즈니스 전략으로 꼭 필요한 사람이나 단체 등에는 정성을 담은 개인 사연을 보내보 도록 하자. 시간이 허락지 않을 때라면 원하는 내용이나 바라는 목적, 자신의 소망을 담아 진지하고 간절한 개인 메일로 보내도록 하자. 그보다 더 확실한 비즈니스 성공법은 상대의 주소나 카톡 등을 알고 있다면 담백한 사연과 함께 정성을 담은 메일을 직접 보내는 것이다.

004

주문 제작 상품을 판매할 때 조언하는 요령

콜로라도 대학교(미국)

· · ·

우리는 다른 사람에게 줄 선물은 되도록 혼자 만들려고 한다. 다른 사람의 도움을 받으면 '내가 만들었다'는 만족감이 영 떨어지기 때문이다. 그래서 선물에 관해서는 가능한 한 다른 사람의 도움을 빌리지 않는다.

콜로라도 대학교의 페이지 모로는 온라인 몰에서 주문 제작 가방을 판매하는 업체의 협조를 얻어 재미있는 실험을 했다.

이 업체에서는 고객이 직접 디자인을 정하거나 재질을 선택하여 토트백을 만들 수 있고, '전문가 무료 조언' 서비스도 받을 수 있다.

이 온라인 몰의 무료 조언 서비스는 자신의 토트백을 만드는 사람들에게 상당히 호평을 받았다. 하지만 누군가에게 선물하고자 주문 제작 토트백을 만드는 고객은 무료 조언 서비스를 싫어했다.

생각하나
바꿨을
뿐인데

이 고객들의 속내는 자신이 좋아하는 사람에게 모처럼 정성이 담긴 가방을 선물하려고 하는데 다른 사람이 도움을 주는 건 자신의 정성이 줄어드는 듯한 느낌을 받는다는 것이다. 따라서 이런 고객에게는 무료 조언 서비스가 달갑지 않은 친절을 베푼 셈이 된 것이다.

각종 주문 제작 상품을 판매하려면 이러한 사람의 심리를 알아두면 좋다. 고객이 오면 먼저 상품을 자신이 사용할 것인지, 아니면 선물할 것인지를 확인한다. 그리고 자신이 사용한다고 하면 여러 가지로 조언해도 괜찮다. 분명 고마워할 것이다.

그렇지만 누군가에게 줄 선물이라고 하면 대략적인 절차와 만드는 방법만 알려주고 나머지는 마음대로 하게 놔두는 편이 좋다. 설령 완성된 모습이 볼품없을지언정 고객은 그것으로 흡족해할 테니 말이다.

OO5

'손수 만들고 싶다'는 욕구를 충족시켜라

비엔나 경영경제대학교(오스트리아)

· ·

어째서 이미 완성된 핫케이크보다 물과 달걀을 넣어 직접 만든 핫케이크가 더 맛있게 느껴질까. 그 이유는 바로 '내가 만들었다!'는 마음에 더욱 높은 만족감을 느끼기 때문이다.

사람에게는 '공예 욕구'가 있어서 스스로 무언가를 만들 때 즐거움과 기쁨, 흥분 같은 감정을 맛볼 수 있다.

최근에는 많은 제조업체에서 사용자의 입맛대로 만든 디자인으로 상품을 제작할 수 있는 서비스를 제공하는데, 이런 주문 제작 상품이 잘 팔리는 이유도 사용자의 니즈에 제대로 부응했기 때문이다.

오스트리아 비엔나 경영경제대학교의 니콜라스 프랑케는 티셔츠, 스카프, 스마트폰 케이스 등을 대상으로 왜 주문 제작 상품이 인기가 많은지 알아봤다.

그 결과 '내가 설계자가 된 듯한 기분이 들어서' 그렇다는 대답이 70%나 되는 것으로 나타났다.

계속해서 조사하자 주문 제작 가능한 요소가 많을수록 만족도도 높아진다는 사실을 알 수 있었다. 단순한 색 고르기뿐만 아니라 천 재질, 디자인 등 주문 제작할 수 있는 범위가 넓을수록 고객 만족도가 더 높아지는 것이었다.

우리에게는 '귀찮은 일을 하고 싶지 않다'고 생각하면서도 한편으로 굳이 '귀찮은 일도 해보고 싶다'는 모순된 욕구도 있다.

이미 완벽하게 완성된 제품을 사는 것도 좋지만 그만큼 자기가 직접 만들어보고 싶은 마음도 동시에 존재한다.

요즘 요식업계나 배달업계에서 큰 인기를 얻고 있는 '밀키트' 제품들은 고객들의 '귀찮은 일을 하고 싶지 않다'는 욕구와 '귀찮은 일도 해보고 싶다'는 심리를 절묘하게 절충한 상품 전략이 아닐 수 없다. 젊은 세대들은 하나의 음식을 먹어도 음식 맛과 분위기, 데코레이션 등이 제대로 갖춰진 감성+가성비 만점의 제품을 선호하는 편이다. 여기에 유명 셰프가 만든 최고의 요리를 자신도 만들어 먹을 수 있다는 소비 욕구를 적절히 만족시켜 주는 제품 전략에 바로 식재료와 명품맛 비결, 소스나 양념의 적절한 조화를 맞춘 80% 미완성 식품이 밀키트 제품이다. 그야말로 젊은 세대의 편의성과 가성비, 감성 욕구를 다 만족시킨 우수한 식품 판매 전략이 아닐 수 없다.

제조업체라면 기존에 팔던 완성품을 주문 제작하여 판매할 수 있는지 검토해 보면 어떨까. 꽤 좋은 아이디어가 아닐까 한다. 완성된 장난감도 좋지만 직접 조립하는 프라모델(플라모델, 플라스틱 모형, 플라스틱 모델, 조립모형 등 -역자)에도 놓칠 수 없는 매력이 있는 법이다.

　　새로운 상품을 개발하기보다 이미 있는 상품을 주문 제작형으로 만들어보는 것도 하나의 재미있는 전략이 되지 않을까. 의외로 대박을 터뜨릴 수도 있다.

006

프레젠테이션을 할 때는 견본을 준비해 둬라

매사추세츠 공과대학교(미국)

• •

사람마다 자신의 전문 업무에 따라 아는 지식이 전혀 다르다. 서로 가진 지식에 차이가 있어 자신은 잘 알더라도 상대방은 전혀 모를 때가 종종 있다.

예를 들어 엔지니어와 영업 담당자가 서로 아는 지식에는 차이가 있을 것이다. 그래서 엔지니어와 영업 담당자가 함께 모여서 일하면 서로 무슨 이야기를 하는지 이해하기 어렵고 의사소통도 잘 이루어지지 않는다.

이럴 땐 어떻게 해야 할까? 서로 다른 분야의 사람이 서로의 지식이나 업무를 빠른 시간에 파악하는 데 가장 좋은 방법은 눈에 보이는 형태의 도면, 모형, 시제품 등을 준비해서 이해를 쉽게 하는 방법을 찾는 것이다. 명확하게 눈에 보이는 형태로 준비해 두면 불필요한 설명을 하지 않아도 된다.

매사추세츠 공과대학교의 폴 칼라일이 자동차산업의 신차개발팀을 대상으로 연구한 결과, 엔지니어와 디자이너 등 전문 분야가 다른 사람들은 대화를 해도 서로 말이 잘 통하지 않는 것으로 나타났다. 그런데 견본이나 모형을 이용하여 대화하도록 하자 대화가 잘 이루어졌다고 한다. "최근에 유행하는 것은 스타일리시한 유선형 모델로…." 등 말로만 설명하면 이해가 잘 가지 않는데 "대충 이런 느낌의 차인데" 하고 견본 모형이나 도면이라도 보여주면 "아, 그렇군요." 하고 한 번에 이해할 수 있다.

비즈니스 협상을 할 때나 프레젠테이션을 할 때도 상대나 청중이 관련 업계의 해당지식을 잘 알지 못하거나, 전문가라 할지라도 업계 사정을 잘 모르는 경우에는 되도록 한눈에 이해가 잘 되는 견본이나 설명서, 기능 개요도 등을 준비해 협상 상대나 연설을 듣는 청중들에게 자료로 내놓도록 하자. 고객이나 의뢰인과 자신과의 지식 차이를 고려하면 견본이 있는 편이 분명 상대가 이해하는 데 도움이 될 것이다.

우리는 눈으로 볼 수 있는 것들은 금방 이해한다. 그렇기에 말로만 들어서는 잘 이해가 되지 않던 것도 사진이나 그림을 보여주면 바로 이해할 수 있다.

말주변이 없는 사람일수록 다른 사람에게 직접 설명하기보다는 오히려 사진이나 도면으로 설득하는 편이 더 잘 전달될 수도 있다.

007

쿠폰의 유효기간은 짧게 설정하라

위스콘신 대학교(미국)

• •

대부분의 사람들은 일할 때 마감이나 납기가 닥치기 전까지는 좀처럼 일에 속도를 내지 않는다. '귀찮으니까 마감 임박해서 하자'라고 생각하기 때문이다.

이러한 경향은 쿠폰을 이용할 때도 보인다. 쿠폰의 유효기간이 아직 충분히 남은 동안은 아무래도 그 쿠폰을 사용하여 쇼핑해야겠다는 마음이 들지 않는다. '나중에 하자' 싶다.

위스콘신 대학교의 제프리 인먼은 시카고와 로스앤젤레스 두 도시에서 매주 쿠폰을 배포하고 그것을 어떻게 사용하는지 알아봤다. 시카고에서는 매주 124장, 로스앤젤레스에서는 매주 136장의 쿠폰을 나눠주었다.

그 후 쿠폰을 어떻게 사용하는지 살펴본 결과, 배포한 당일 또는 다음날 이용하는 사람이 많았다. 그런데 4일째가 되자 이용자가 거의 없었다. 그리고 유효기간이 다가오자 출발하려는 전철에 뛰어들듯이 다시 이용한다는 사실을 알게 되었다.

쿠폰으로 판촉 효과를 보려면 유효기간을 '오늘부터 딱 이틀', '지금부터 삼일이 지나면 하루마다 30%씩 포인트가 삭감됩니다'처럼 사용자를 압박하는 문구를 쿠폰에 꼭 삽입해서 보내면 효과 만점이다. 무엇보다 쿠폰 이용자에게 언제든지 사용할 수 있다는 안도감을 주는 것은 쿠폰을 사용하면 특별한 메리트가 있다는 효과를 반감시키기 딱 좋은 조건이 될 수 있다. 여기에 더해 쿠폰을 받는 날로부터 첫날 사용하면 약속한 포인트의 두 배, 둘째 날이면 1.5배 하는 식으로 이 쿠폰은 빨리 사용하면 할수록 이용자의 혜택이 더 많다는 점을 강조하는 것도 효과가 좋은 쿠폰 이용법이 될 수 있다.

쿠폰을 배포하고자 한다면 유효기간을 짧게 설정하는 편이 좋다. 유효기간이 반년 또는 1년이나 되면 사람들 대부분은 '나중에 사용하면 된다'는 생각에 쿠폰을 내팽개쳐 뒀다가 어딘가에서 잃어버리기 때문이다. 그래서야 기껏 준비한 쿠폰을 뿌리는 효과가 너무 적지 않은가.

유효기간은 되도록 촉박한 느낌이 드는 편이 좋으므로, 1주일이나 10일 정도로 설정하면 보다 효과적이다. 기간을 그 정도로 설정하면 '빨리 사용하지 않으면 쿠폰을 날리게 된다'고 더 강하게 의식하게끔 만들 수 있다.

008

이동이 귀찮으면
쿠폰을 사용할 엄두가 나지 않는다

비엔나 경영경제대학교(오스트리아)

• •

　인간은 타산적인 생물이어서 모처럼 받은 할인권이나 쿠폰을 사용하지 않으면 손해라고 생각한다. 그렇지만 그에 못지않게 자신이 들이는 노력도 고려한다. 설령 매력적인 쿠폰을 받았다고 해도 이동하는 데 시간이 걸리거나 걸어가기 귀찮게 느껴지면 쿠폰을 사용할 마음이 들지 않는다.

　오스트리아 비엔나 경영경제대학교의 사라 슈피커만은 패스트푸드 체인 '써브웨이'의 협조를 받아 베를린에 있는 두 점포에서 쿠폰 사용자의 이용 실태를 실험한 적이 있다.

　GPS 위치정보 서비스를 이용하여, 사용자가 그 가게에 접근했을 때 전자 할인 쿠폰을 스마트폰이나 태블릿으로 보내는 것이다.

　이때 가게와의 거리를 10m, 250m, 400m, 800m와 같이 네

가지로 설정하고 사용자에 따라 전자 쿠폰을 다르게 보냈다.

그렇다면 사람들은 쿠폰을 어떻게 사용했을까?

가게와의 거리가 10m일 때 쿠폰을 보내면 4.62%의 사람이 쿠폰을 사용했다. 250m일 때는 2.16%, 400m에서는 1.35%, 800m일 때는 0.86%가 사용했다.

사람들은 쿠폰을 사용할 수 있는 장소가 가까울수록 쿠폰을 이용하는 빈도가 높았다. 반대로 거리가 멀어지면 멀어질수록 쿠폰을 사용하지 않고 방치해 두었음을 알 수 있다.

대체로 사람들은 '할인은 매력적이지만 쿠폰 때문에 일부러 그렇게 멀리까지 이동해야 한다면 귀찮으니, 사용하지 않아도 별로 상관없다'고 생각한다. 사람들의 행동 본능 중에는 귀찮은 것은 무척 하기 싫어하는 일면이 있기 때문이다.

쿠폰을 배포할 때는 가능한 한 매장 옆에서 건네주는 것이 중요하다. 설령 역 앞에 더 많은 사람이 오간다고 하더라도 가게가 역에서 꽤 떨어져 있다면 어차피 쿠폰을 나눠줘도 고객은 찾아오지 않는다. 가게 근처를 지나가던 사람에게만 나눠주는 편이 쿠폰을 훨씬 많이 사용할 것이다.

009

배가 고프면 사람은 인색해진다

파리 고등상업학교(프랑스)

• •

기본적으로 돈이 있으면 무엇이든지 살 수 있다. 인간이 살아가는 데 가장 중요한 음식도 돈이 있으면 살 수 있다. 아마 그런 의미에서 돈과 음식은 같은 가치가 있을 것이다. 그렇다면 배가 고픈 사람은 돈을 잃기 싫어서 인색해지지 않을까.

참으로 엉뚱한 사고방식일 수도 있지만, 대략 이와 같은 생각에 이 가설을 검증해 보고자 한 연구자가 있다. 바로 프랑스 파리 고등상업학교의 바바라 브라이어스이다.

브라이어스는 남자 대학생 80명에게 네 시간 정도 금식을 시키고 충분히 배고픈 상태로 실험실에 오도록 지시했다.

그리고 실험자 중 40명에게는 배가 고픈 상태 그대로 적십자와 국경 없는 의사회 등 열 개 단체에 기부하도록 부탁해 보았다. 나머지 40명에게는 음식을 먹고 배를 채운 후에 기부하도록 부탁해 보았다.

그랬더니 배가 고픈 사람 중에서는 36%, 배가 부른 사람 중에서는 44%가 기부에 응했다. 비록 수치상 미묘한 차이밖에 나지 않았으나 배가 고프면 인색해진다는 사실을 알 수 있다.

우리는 배가 고프면 인색해지고 다른 사람에게 돈을 쓰고 싶지 않아진다. 왠지 모르게 이해는 간다.

배가 고플 때는 짜증이 나고 다른 사람을 배려할 여유도 없어진다. 당연히 다른 사람을 위해 돈을 쓰고 싶다는 생각이 들지 않는다. 그래서 인색해지고 만다.

만약 누군가에게 돈을 빌리고 싶을 때는 상대방이 밥을 먹은 후에 부탁하자. 상대방이 배가 고플 때 "돈 좀 빌려줄래?" 부탁하면 "당연히 싫지!" 하고 아주 쌀쌀맞게 거절당할 것이 뻔하다.

그런 점에서 만족할 때까지 좋아하는 음식을 먹고 배부른 상태의 사람이라면, 어쩌면 돈을 빌려달라는 뻔뻔한 부탁도 들어줄지 모른다.

여기서 한 걸음 더 나아가, 어떤 일을 결정하려고 할 때 냉정한 판단이 요구된다면 좀 허기진 상태에서 다른 사람과 협상을 하는 것도 최적의 판단을 내리는 데 효과적인 방법이 될 수 있을 것이다. 좀 허기진 상태에서는 어떤 판단을 내릴 때 보다 인색하고 냉정한 마음가짐에서 이성적인 판단을 할 수 있을 것이기 때문이다.

생각하나
바꿨을
뿐인데

010

매운 음식을 좋아하는 사람은 '보상'에 민감하다

펜실베이니아 주립대학교(미국)

● ●

김치나 마파두부 등 매운 음식을 매우 좋아하는 사람이 있다. 모든 요리에 고춧가루를 듬뿍 뿌리는 그런 사람이다. 무슨 요리가 됐든 고춧가루를 뿌려버리니 본래의 맛을 모르는 것이 아닐까 싶지만, 본인은 그 매운맛을 무척이나 좋아한다.

남의 취향을 이러쿵저러쿵 말할 생각은 없는데, 심리학적으로 보면 매운 음식을 아주 좋아하는 사람은 보상에 민감한 편이다.

펜실베이니아 주립대학교의 나디아 번스는 캡사이신이 든 음식(즉 매운 음식)을 좋아하는 취향과 성격과의 연관성을 알아봤는데 남성은 매운 음식을 좋아하는 사람일수록 보상에 민감하고, 여성은 자극을 추구하는 것으로 나타났다.

보상에 민감하다는 말은 아주 적은 보상이라도 있으면 그만큼 쉽게 동기부여가 되는 사람이라는 뜻이다.

무엇보다 이 사람과 작은 일이나마 도모해보고 싶은 마음이 생긴다면 남성일 경우에는 가급적 맵고 짠 음식을 함께하며 원하는 내용을 넌지시 부탁해보는 것도 훌륭한 용인술이 될 수 있다. 단, 함께 일하고 싶은 사람에게 자신과 함께하면 충분한 보상을 약속하겠다는 조건도 잊지 말도록 하자. 여기에 여성이라면 음식이나 기호식품이든, 작은 액세서리이든 뭔가 눈에 띄고 특이한 색상이나 형태를 갖춘 소품으로 어필해보도록 하자. 여성은 자신이 마음에 드는 자극적인 음식(맵거나 시거나 아주 단 음식 등)이나 조그만 것이라도 아주 특색 있는 기호품 등에 매우 민감하므로, 신사적이면서도 이런 취향을 저격하는 접근법도 상대 여성의 흥미를 끄는 데 좋은 유인책이 될 수 있을 것이다.

가령 회사의 허드렛일 등을 해주는 누군가에게 특별 보너스 5만 원을 준다고 하자. 많은 사람이 '겨우 5만 원 받고 하기에는….'이라고 생각하겠지만 매운 음식을 좋아하는 사람은 이런 보너스를 아주 좋아해서 "네, 제가 하겠습니다!" 하고 솔선수범하여 손을 들 것이다.

매운 음식을 좋아하는 사람에게 어떤 일을 부탁하기란 매우 쉽다. 보상을 넌지시 비치면 쉽게 부탁을 들어줄 것이다. 단, 남성에 국한된 듯하지만 말이다.

여성 중에서 매운 것을 좋아하는 사람은 '자극을 추구하는 유형'

에 해당한다. 자극적인 것을 매우 좋아해서 단순히 반복되는 일을 하기에는 별로 적합하지 않다. 끊임없이 무엇인가 색다른 일이나 새로운 일을 하고 싶어 하므로 그런 일을 주면 좋아할 수도 있다.

누군가가 "저는 매운 음식을 아주 좋아해요."라고 말하는 것을 들으면 이처럼 독심술을 발휘할 수 있음을 떠올리자.

011

약속을 잡을 때 메일과 전화 중
어느 것이 더 좋을까

노스캐롤라이나 대학교(미국)

· · ·

비즈니스에서 약속을 잡을 때는 전화보다도 편지나 메일을 이용하기를 추천한다. 최근에는 보통 편지보다 메일을 이용하니 약속을 잡을 때는 기본적으로 메일로 연락하도록 하자. 그러는 편이 상대방에게 거절당하지 않고 쉽게 약속을 잡을 수 있다.

왜 전화로 하면 안 되는 것일까.

전화보다 편지로 약속을 더 쉽게 잡을 수 있다는 사실을 뒷받침하는 연구 결과가 있기 때문이다.

노스캐롤라이나 대학교의 커크 더슬러는 편지나 전화로 '꼭 한 번 만나 이야기를 나누고 싶다'고 부탁할 때 편지를 보내는 편이 높은 성공률을 보인다는 사실을 알아냈다.

왜 상대방이 편지를 좋게 보는가 하면 '정중하다'는 인상을 주기 때문이다. 전화로 부탁할 때는 말투나 목소리에도 주의를 기울여야 한다. 순간적으로 말이 잘못 튀어나올 수도 있다.

그런 점에서 편지라면 얼마든지 시간을 들여 퇴고할 수 있다. 자신이 만족할 때까지 퇴고할 수 있어서 아주 정중하게 의뢰할 수 있다.

요즘은 편지를 쓰는 일이 거의 없으니 메일로 보내도 괜찮다. 메일도 편지와 마찬가지로 퇴고할 수 있어서 상대에게 무엇인가를 정중하게 의뢰할 수 있다. 메일은 전화보다 강요하는 듯한 느낌이 옅다는 점도 하나의 이유가 될 수 있다.

그런데 여기서 한 가지 짚어볼 만한 상황은, 정말 이 사람과는 꼭 어떤 일이나 비즈니스를 성사시켜야 한다는 간절함이 밴 업무라면 정중하게 전화로 의사를 타진하는 것이 목적을 달성할 수 있는 방법이기도 하다는 것이다. 단, 이때도 충분히 상대에 대한 성향이나 호불호 여건을 알아보고 무리한 요구 등은 삼가며 꼭 필요한 말만 미리 메모해 두었다가 상대가 편하고 호응하기 좋은 시간대에 부탁하면 의외로 빠른 결정이 날 수가 있다.

전화로 용건을 말할 때 상대가 부담스러워하는 것은 전화 거는 상황의 다소 성급하고 무례하게 느껴지는 인상 때문인 경우가 많다. 한마디로 전화로 약속을 잡으려고 할 때 왠지 상대방이 강요하는 것처럼 느껴지는 경우가 있다. 그래서 상대는 특별한 일정이 없는데도 별 생각 없이 거절해 버릴 때가 있다. 메일로 의뢰를 받으면 그런 기분이 들지 않는다.

전화는 갑자기 상대방의 집에 신발을 신은 채 들어가는 것과 마찬가지여서 전화를 걸기만 해도 상대는 그 자체가 이미 무례하다고 느낄 수도 있다. 메일이 싫다는 사람은 별로 없지만 '전화가 싫다'는 사람은 의외로 많으니, 더더욱 전화는 피하는 편이 무난하다. 단, 이러한 전화 걸기의 부정적인 상황을 현명하게 극복할 수만 있다면 의외로 전화가 상대와의 약속이나 목적한 바를 빠른 시간에 결정지을 수 있는 요긴한 대화수단이 된다는 점도 잊지 말기 바란다.

생각하나
바꿨을
뿐인데

012

고객이 선택하는 수고를 덜어줘라

러트거스뉴저지 주립대학교(미국)

• •

고객은 자신이 직접 일을 결정하고 싶으면서도 이것저것 고민하거나 생각하기 귀찮아서 어느 정도는 가게에서 정해주는 것들을 편하다고 느껴 가게의 선택을 따른다.

고객에게 하나부터 열까지 정하도록 하는 방법이 무조건 나쁘다는 것은 아니지만, 그런 방식을 싫어하는 고객도 있다는 사실은 제대로 인지해 두어야 한다.

미국 러트거스뉴저지 주립대학교의 그레첸 채프먼은 대학교 직원 478명에게 독감예방주사 무료접종 안내 메일을 보냈다. 단, 메일 내용은 A와 B 두 버전으로 준비하여 그중 하나를 무작위로 보냈다.

A : 날짜와 장소가 이미 정해져 있다. 단, 변경하고 싶으면 변경할 수도 있다

B : 직접 편한 날짜와 장소를 정한다

위 메일을 받은 사람 중 실제로 백신을 접종한 사람은 몇 명이나 됐을까. 조사 결과 A 메일을 받은 그룹에서는 239명 중 108명(45%)이 접종했다. B 메일은 239명 중 80명이 접종했다(33%). 왠지 스스로 정하게끔 하는 편이 확실히 접종할 듯하나 그 반대였다.

'직접 편한 날짜를 정해도 된다'고 하면 상대가 무조건 좋아할 것 같지만, 오히려 '귀찮으니 메일은 무시하자' 싶은 사람도 있을 것이다. 그런 점에서 사람들은 '이미 일정이 정해졌다'고 했을 때 그에 맞춰 자신의 일정을 조정하려는 마음이 들었을 수도 있다.

여기서 생각의 방향을 좀 틀어, 자신이 직접 날짜를 선택할 때의 이점에 대해 상세히 기재한 메일을 보내보는 것도 사람을 움직이게 하는 유의미한 방법이 될 수 있다. 사람들이 직접 편한 날짜를 정하는 것을 귀찮게 생각하는 건 그만큼 그 선택에 대한 메리트가 별로 없기 때문일 수도 있다. 하지만 생각을 바꿔 이러이러한 이유로 이 날짜에 본인이 직접 어떤 일을 결정하게 되면 이러이러한 이익이 있다는 점을 명료하게 제시할 수만 있다면 그 메일처럼 유효하고 사람들을 행동하게 하는 메일도 없을 것이다.

분명 우리는 스스로 일을 결정하겠다고 생각하지만, 할당받는 것도 그리 싫지는 않다고 느낀다. 모든 일을 스스로 정하는 것이

그저 번거롭다고 느끼는 사람도 많다.

휴대전화 요금제나 각종 보험 상품도 마찬가지다. 여러 가지로 따지기 귀찮으니 상대가 권유한 상품에 그냥 가입하는 고객도 많다. 사실은 고객이 굳이 고르지 않아도 되는 서비스가 생각보다 더 많은 것이 아닐까.

013

말을 잘하기보다 잘 들어주는
판매원일수록 실적이 좋다

이스턴켄터키 대학교(미국)

●　●　●

판매원으로서 성공하는 데 능숙한 화술은 전혀 필요 없다. 오히려 고객의 이야기를 잘 들어줘야 한다.

이스턴켄터키 대학교의 로즈메리 램지는 최근에 막 자동차를 구매한 고객 500명에게 설문을 부탁하여, 왜 그 자동차로 결정했는지를 알아봤다.

그러자 고객이 자동차를 구매한 결정타는 '판매원이 이야기를 잘 들어줬기 때문'임을 알게 되었다.

고객에게 자동차의 성능이라든지 연비, 가격 등도 물론 중요한 고려사항이었겠지만 그보다도 판매원이 자기 이야기를 제대로 들어준다고 느껴지는가가 중요했다.

그럼 왜 이야기를 들어주는 것이 그렇게 중요할까?

그 이유는 바로 단순히 자신의 이야기를 들어주면 '기분이 좋기' 때문이다.

하버드 대학교의 다이애나 타미르는 자기 자신에 관해 이야기할 때 뇌가 어떻게 활동하는지 기능적 자기공명영상(fMRI) 기계를 이용하여 알아봤는데 자신에 관해 이야기할 때 대뇌변연계, 측좌핵, 복측피개영역 등과 같은 영역이 활성화되었다.

이 부분들은 쾌락과 관련된 영역이다.

사람들은 본능적으로 자기 이야기를 하는 것을 좋아한다. 이러한 사람의 본능을 잘 살펴 고객이 많은 이야기를 할 수 있게끔 배려해주는 판매원은 고객에게 기분 좋은 일을 해준 셈이다. 그런 판매원이 미움을 받을 리가 없다. 그래서 이야기를 잘 들어주는 판매원을 더 선호하는 것이다.

'나는 타고나기를 이야기가 서툴러서 영업이나 판매 일은 도무지 적성에 맞지 않는다'고 생각하는 사람도 있는데 사실 그렇지 않다. 자신이 말하기가 서투르다면 잘 들어주는 사람이 되기를 목표로 하면 된다. 그렇게 고객의 말을 잘 들어준다면 굉장히 좋은 판매 성적을 낼 수 있다. 특별히 아는 체하며 먼저 나서서 이야기하는 유형이 아니라면, 오히려 판매하는 일이 천성에 맞는다고도 할 수 있다.

THINK

표현할 수 없는 것을 표현하게 하는 성공법칙

Part 2
호감이 가는
'커뮤니케이션'의 심리 법칙

014

호감이 가는 사람은 상대방과 같은 말을 쓴다

라드바우드 대학교(네덜란드)

● ●

고객은 고객이 사용하는 말을 그대로 사용하는 점원을 좋아한다. 그런 점원들은 절대로 말을 바꿔 말하지 않는다.

어떤 종업원이 고객이 "찬물 주세요."라고 하는데 "네, 찬물이요. 바로 가져다 드릴게요."라고 하면 될 것을 "네, 얼음물이요."라고 바꿔 말했다고 하자. 또 한 고객이 "이거 싸 주세요."라고 했는데 "네, 포장이요."라고 바꿔 말했다고 치자.

이 종업원은 왜 손님과 같은 말을 사용하지 않는 것일까? 고객의 요구에 즉각 대응하지 않고 다른 말로 대꾸하는 점원은 대체로 무능하다.

네덜란드 라드바우드 대학교의 릭 판 바렌은 레스토랑에서 한 실험을 통해 이를 검증했다.

생각 하나
바꿨을
뿐인데

네덜란드어로 감자튀김을 '프릿'이라고 하는데 손님이 감자튀김을 주문하면 어떤 손님에게는 "네, 프릿 하나요." 하고 말을 똑같이 따라 했다.

그런데 다른 손님에게는 의미가 같은 '파탓'이라는 단어로 바꿔서 "네, 파탓이요."라고 말해 봤다.

그리고 점원이 손님에게 받은 팁을 비교해 보니, 손님과 같은 말을 사용했을 때가 140%나 팁이 많았다고 한다.

고객과 같은 말을 사용하면 왠지 친근감이 든다. 좋은 사람이라는 인상을 줄 수 있다. 그런데 다른 말을 사용하면 '왠지 결이 맞지 않는다'는 느낌을 주게 된다.

비즈니스에서도 이 원리를 다양하게 활용할 수 있다.

만약 거래처 사람이나 의뢰인이 "이거 아삽(ASAP)으로 해주세요."라고 말했다면 자신도 똑같이 "네, 아삽으로요." 하고 대답해야 한다. "이거, '최대한 서둘러' 줘."라고 말했다면 "네, '최대한 서둘러' 마무리할게요." 하고 대답해야 한다. 참고로 아삽도, 최대한 서둘러도 '가능한 한 빨리' 해달라는 의미이다.

대화할 때도, 메일을 작성할 때도 기본적으로 상대방이 사용하는 용어를 그대로 사용하자. 평소에 자신이 사용하지 않는 말이라면 어색하게 느껴지겠지만 그래도 바꿔 말하지 않는 편이 고객의 만족도를 높일 수 있다.

015

고급 매장에서 '친절한 접객'은 역효과가 난다

서던메소디스트 대학교(미국)

• •

의류 판매점 직원은 고객을 신으로 여기고 아주 정중히 접대하도록 훈련받는다. 물론 그것이 틀렸다는 말은 아니다.

하지만 언제 어디서나 '고객을 친절하게 접대해야 한다'고 말할 수 있는가 하면 사실 그렇지 않다. 어떤 상황에서는 고객을 친절하게 접대하면 오히려 역효과가 날 수 있다.

그럼 어떤 때 역효과가 날까. 바로 고급 브랜드 매장이다.

고급 브랜드 매장에서는 오히려 점원이 고객에게 쌀쌀맞을 정도로 대할 때 '역시 고급 매장은 다르다!'는 기분을 느낄 수 있다고 한다.

점원이 생글거리며 붙임성 좋게 대하면 오히려 고객에게 굽신거리며 아첨을 떠는 듯한 인상을 준다. 상품도 어쩐지 싸구려 같아

보인다. 따라서 고급 매장에서는 친절한 접객이 역효과가 나는 것이다.

미국 서던메소디스트 대학교의 모건 워드는 고급 브랜드(구찌, 루이비통, 버버리)와 대중적인 브랜드(아메리칸 이글, Gap, H&M)의 점원을 비교하여 고급 브랜드 매장에서는 점원이 '쌀쌀맞게' 접객할 때 고객은 상품에 더 호감을 느낀다는 사실을 알아냈다.

직원이 고객을 쌀쌀맞게 대하면 상품에 더욱 높은 패션적 가치를 느끼며 '꼭 이 옷을 입고 싶다!'는 마음이 더 강하게 든다고 한다. 다만 이는 고급 브랜드에 국한된 이야기이다.

워드는 의류를 대상으로 연구했는데, 예를 들어 고급 음식점 등에도 이와 같은 원리를 적용할 수 있다.

물론 점원이 고객에게 쌀쌀맞게 대할 수 있는 매장이어야 고객이 그 제품에 더 신뢰를 갖는 것은 당연한 이치일 것이다. 그런데 여기서 한 걸음 더 나아가 대중 의류를 판매하는 중저가 브랜드나 시장 점포에서도 고급 매장에서처럼 고객에게 정중하게 접대하는 방식은 어떨까? 중저가이고 대중들이 드나드는 옷매장이나 중저가 제품 판매 매장에서 상품에 관해 다소 프라이드 있게 취급 물품을 고객에게 소개하고 판매를 권유한다면 '이 점포에선 중저가 제품인데도 이렇게 고급 정보로 제품을 선전하는 걸 보니 제품에 메리트가 있나 보다' 하고 고객이 생각할 수도 있지 않을까. 물론 그러려면 해당 제품에 자신감이 넘칠 정도로 좋은 제품이라는 전제조건이 꼭 필요하겠지만 말이다.

고급 프랑스 요리점과 고급 이탈리아 요리점에서는 어쩌면 점원이 굽실거리기보다 차라리 의연하고 쌀쌀맞을 정도로 응대하는 편이 고객도 더 만족하지 않을까. 그럴 가능성이 충분히 있어 보인다.

016

사람은 상대를 알면 알수록 차갑게 대할 수 없다

런던 대학교(영국)

• •

만약 거래처 사람이나 협상 상대와 잘 지내고 싶다면 되도록 일과는 관계가 없는 자신의 형편이나 성장 과정 등을 적극적으로 이야기하면 효과적이다.

우리는 잘 모르는 사람에게는 얼마든지 차갑게 대할 수 있지만, 상대방을 알면 알수록 그런 태도를 보이기가 난감해진다. 그러니 적극적으로 자신의 사적인 이야기도 하도록 하자.

런던 대학교의 한나 자게프카는 대학생 111명에게 2004년 수마트라 섬 해안에서 발생한 지진으로 인한 쓰나미 피해에 대해 얼마나 아는지 물었다(피해가 발생한 장소, 피해 규모 등). 동시에 얼마나 기부할 생각이 있는지 1~7점으로 답하도록 했다.

그러자 쓰나미 피해 상황을 잘 아는 사람일수록 많이 기부하고

자 하는 마음이 강하다는 사실을 알 수 있었다.

우리는 상대방을 잘 알면 알수록 그 사람에게 연민을 느끼기 쉽다. 상대가 곤란한 상황에 처했다면 도와주고 싶은 마음도 강해지는 것이다.

비즈니스에서도 마찬가지로 모르는 사람에게는 얼마든지 냉담하게 굴 수 있다. 그러니 자신이 어떤 사람인지 이야기를 많이 하는 편이 좋다.

자신의 사적인 이야기를 대놓고 말하는 상황은 판매 마케팅에서 프라이빗 마케팅이나 VIP 마케팅에 아주 유효하게 작용할 수 있다. 자신이 남보다 우월하고 뛰어난 능력을 지닌 사람이라는 자존감이 강한 상류 계층일수록 자신만이 아는 얘기를 들어주는 사람에게 더 많은 것을 주고 싶은 심리가 있다. 따라서 부자들이 사는 고급 아파트촌이나 판사, 변호사, 의사 등 전문직에 종사하는 소위 '사 자' 직업군이 많은 전문가 거리에서 사적이고 내밀한 자기만의 스토리를 잘 들어주는 상대의 프라이빗 마케팅이나 VIP 마케팅이 훨씬 더 좋은 성과와 유대관계를 높일 수 있음은 자명한 사실이다.

또한 첫 회의나 상견례 자리라면 일 이야기는 적당히 가볍게 끝내고 나머지 시간은 모두 '자신을 알리는 시간'으로 할애하자. 자신의 단점이나 창피했던 에피소드 등도 거리낌없이 이야기하는 편이 좋다. 그러면 바로 허물없는 관계를 구축할 수 있고, 일단 친해지고 나서는 그렇게 심하게 대할 수 없어진다.

한번 상대방과의 관계가 구축되면 일부러 협상이나 영업 등을 하지 않아도 "그래, 좋아요. ○○ 씨가 좋다는 상품이라면 전부 살 게요."라는 말을 들을 수 있다. 그런 관계를 만들기 위해서라도 가능한 한 상대방에게 자신의 이야기를 들려주자.

017

자기 소개에는 '적을수록
더 좋다(less-is-more) 효과'를 써라

하버드 경영대학원(미국)

● ●

자기 소개할 때 상대방에게 자신의 사적인 정보를 공유하면 좋
다. 사적인 정보를 공개할수록 상대방이 친밀감을 느낄 수 있기 때
문이다.

회사에서도 마찬가지로 휴식시간에 되도록 자신에 관한 이야기
를 하면 서로의 관계가 더 깊어지기도 한다.

하지만 지나치면 역효과가 난다. '상대방이 자신을 잘 알아주도
록' 자기 일을 무엇이든지 다 터놓고 이야기하면 그다지 호감을 느
끼지 않게 된다.

자신의 사적인 일에 관해서는 '조금 모자라는 정도가 딱 좋다'는
사실을 기억해 두자. 이를 심리학에서는 '적을수록 더 좋다 효과'
(less-is-more effect)라고 한다.

하버드 경영대학원의 마이클 노턴은 자신의 성격에 관해 각각 네 가지, 여섯 가지, 여덟 가지, 열 가지를 이야기한 프로필을 작성하여 "당신은 이 사람이 얼마나 좋은 사람인 것 같나요?"라고 물어봤다.

그러자 네 가지 정도 성격을 이야기할 때는 호감이 가지만 그 이상 늘어날수록 호감을 느끼지 않는다는 사실을 알 수 있었다.

우리는 상대방을 알면 알수록 호감이 가는데, 이에는 한도가 있어서 너무 지나치게 알게 되면 별로 호감을 느끼지 않게 된다.

따라서 자신에 관해서도 숨겨야 할 부분은 숨기고 '베일에 가린' 부분을 남겨두면 더 매력적으로 보일 것이다. 조금 신비스러운 사람을 목표로 하는 편이 좋다고도 할 수 있다.

여기서 한 가지 명심해 둘 일이 있다. 즉, 자신의 역량을 제대로 보여주고 싶은 사람이나 일이 있다면 가급적 자신의 사적인 이야기는 하지 않아야 상대가 자신에 대해 기대할 수 있게 된다. 사람들은 보기보다 자신 외의 사람의 이야기를 최소한의 것만 알고 싶어 한다. 진짜 이 일로 승부를 보고 싶은 어떤 비즈니스 상황이나 업무가 있다면 해당 업무나 협의 내용만으로 접근하도록 하자.

사적인 질문을 받았을 때 무엇이든지 솔직하게 대답하지 않고 별로 숨길 필요가 없어도 "그것은 개인정보라서요." 하고 웃으면서 교묘하게 넘기면 더 매력적인 사람으로 보인다.

"중학교, 고등학교 시절은 제 흑역사이니 아무것도 안 알려줄래요"라고 말하면 오히려 상대방은 흥미를 갖게 된다.

018

사람의 인상 평가는 옷차림보다
표정으로 정해진다

애버딘 대학교(스코틀랜드)

• •

흔한 비즈니스 책에는 반드시 '사회인이라면 옷차림에 신경 써야 한다'고 쓰여 있다. 분명 맞는 말이다. 자신의 복장이 지저분하기만 해도 인상이 나빠지기 마련이다. 따라서 무작정 복장에 집착하는 일을 잘못되었다고 할 수는 없다.

그렇다고 해서 복장 하나로 사람의 인상이 결정되는가 하면 그렇지도 않다. 사실 더 중요한 것이 있다. 바로 '표정'이다. 즉 복장보다 생글생글 미소 짓는 것이 더 중요할 때가 있다.

스코틀랜드 애버딘 대학교의 피스 마일즈는 마케팅 조사라고 속여 다양한 티셔츠를 보여주며 평가를 부탁했다. 사실 티셔츠 따위는 아무 상관이 없었고 티셔츠를 입은 여성 모델의 표정을 다양하게 바꾸었다.

그 결과 티셔츠 종류와 상관없이 여성 모델이 미소 지으며 입고 있던 티셔츠가 높은 평가를 받은 것으로 나타났다. 여성 모델이 무표정일 때는 어떤 티셔츠가 되었든 낮은 평가를 받았다.

셔츠 색상이나 디자인 등은 사실 아무래도 상관이 없었던 것이다.

오히려 남이 보기에 좀 촌스럽거나 신경 쓰지 않은 수수한 옷차림을 한 직원이 입가에 미소를 띠며 상대에게 정성스럽게 예의를 갖춰 대할 때 상대는 그 사람에게 깊은 인상을 받고 호감을 보이게 된다. 옷이나 차림새보다 더 중요한 것은 상대에게 진심으로 따뜻하고 편안한 웃음을 보여주는 데 있지 않을까.

'이 옷 조금 촌스러운가?' 싶은 옷을 입고 있어도 괜찮다. 그보다 자신의 표정에 신경 쓰도록 하자. 생글생글 미소 짓고 있으면 어떤 옷을 입어도 나쁘게 평가받을 일은 없다.

반대로 말하면 엄청나게 비싼 브랜드 옷으로 차려입어도 화난 얼굴을 하고 있거나 무표정하면 좋은 인상을 줄 수 없다. 복장보다 표정에 유의하자.

뚱한 표정을 짓고 있으면 아무리 복장이 단정해도 역시 나쁜 인상을 주고 만다. 그보다도 평소에 생긋생긋 미소를 짓도록 명심하면 매일 어떤 옷을 입고 나갈지 고민하지 않아도 된다.

019

고객을 미소 짓도록 하기 전에
자신이 먼저 미소 지어라

볼링그린 주립대학교(미국)

● ●

고객이 전혀 붙임성 없이 굴거나 냉담한 태도를 보여서 고민이라면 그것은 고객 또는 자신이 취급하는 상품이나 서비스 탓이 아니라 '자신의 표정이나 태도에 문제가 있는 것은 아닌가?' 하고 한번쯤 생각해 봐야 한다.

만약 자신이 먼저 상냥한 미소를 보이면 고객도 그렇게 무뚝뚝한 태도는 보일 수 없을 것이다. 웃는 얼굴에도 무감각한 고객을 응대해야 한다면 얼굴 표정보다는 상품의 가치나 우수한 기능 등에 좀 더 치중해 고객이 꼭 알고 싶은 정보를 제공할 필요가 있다. 이때도 물론 기왕이면 다홍치마라고 고객을 편하게 하는 정중한 말투와 제품 설명, 여기에 상대의 화마저 누그러뜨릴 수 있는 미소 띤 친절함이라면 더할 나위 없이 효과 만점일 것이다.

왜냐하면 '웃는 얼굴에는 감염 효과'가 있기 때문이다. 자신이 미소를 지으면 상대도 덩달아 미소 짓게 된다.

미국 볼링그린 주립대학교의 패트리샤 바저는 실험 도우미 20쌍에게 커피숍에 가서 계산대가 잘 보이는 곳에 자리를 잡고 점원과 고객을 관찰하도록 지시했다. 점원의 웃는 얼굴을 조사하고자 한 것이다.

고객이 왔을 때 점원이 웃고 있지 않으면 '0', 입가에 웃음을 띠고 있으면 '1', 이가 보이도록 웃으면 '2'로 몰래 점수를 매기며 기록했다. 동시에 고객의 표정도 같은 방법으로 기록했다.

그러자 점원이 웃으며 말을 걸면 손님도 덩달아 웃는 모습이 확인되었다. 웃는 얼굴에는 훌륭한 감염 효과가 있다는 사실을 알 수 있었다.

'우리 회사는 어쩐지 인간관계가 껄끄러워.'

'모두가 무표정하고 인사도 하지 않아.'

만약 이런 고민을 하고 있다면 자신이 먼저 상냥한 미소를 띠고 말을 걸어보자. 자신이 상냥한 태도를 보이면 상대도 바로 감화되고 회사 전체로 그런 분위기가 퍼질 것이다.

자기 자신이 무뚝뚝하게 굴면서 상대방에게 상냥하기를 바라는 것은 지나친 바람이다. 먼저 자신부터 상냥한 모습을 보여주도록 하자. 그러면 틀림없이 상대의 태도와 대응도 확 달라질 것이다.

020

난처한 표정을 지은 사람을
도와주고 싶어지는 심리

펜실베이니아 대학교(미국)

● ●

만약 곤란한 일이 생기면 다른 사람도 알아볼 수 있도록 가능한 한 난처한 표정을 지으면 좋다. 난처한 표정을 보이면 다른 사람의 도움을 받기 쉬워지니 말이다.

강한 척하며 침착한 표정을 짓고 있으면 아무도 도와주지 않는다. 상대방에게도 '나 지금 곤란한 상황에 빠졌어' 하고 확실히 전해지도록 하는 편이 좋다. 금방이라도 울 것 같은 표정을 지으면 바로 누군가가 도와줄 것이다.

'다른 사람에게 그런 한심한 표정을 보이고 싶지 않다'는 마음은 이해가 가지만, 혼자 힘으로 어쩔 수 없을 때는 빨리 도움을 받는 편이 현명하다.

펜실베이니아 대학교의 데보라 스몰은 유치원에 공식 허가를 받아 아이들에게 슬픈 표정, 웃는 표정, 보통 표정을 짓고 사진을 찍게 했다. 어린이 암을 지원하는 단체의 포스터에 그 사진들을 붙여 151명의 사람에게 보여주고 기부를 부탁해 봤다. 그러자 다음 표와 같은 결과를 얻을 수 있었다.

	슬픈 표정	보통 표정	웃는 표정
기부(%)	77.4%	52.0%	52.1%
금액(달러)	2.49달러	1.38달러	1.37달러

슬픈 표정을 짓고 있으면 그만큼 도와주는 사람이 많아진다는 사실을 알 수 있다. 아마도 상대방에게 '불쌍하다'고 여기는 마음이 들도록 해서 그럴 것이다.

회사에서 누군가에게 도움을 받고 싶을 때는 난처한 표정, 슬픈 표정, 금방이라도 울 것 같은 표정을 지어보면 어떨까.

"어쩌지, 어떡하지?" 하고 혼잣말을 하면(물론 주위 사람들에게 들리도록) 분명 누군가가 도와줄 것이다.

애초에 눈썹이 처져 슬퍼 보이는 얼굴로 태어난 사람은 별로 곤란한 일이 없을 때도 쉽게 도움을 받을 수 있다는, 정말 부러운 특권을 가졌다. 마찬가지로 누구든지 눈썹이 처지도록 슬픈 표정을 지으면 도움을 받을 수 있다.

021

컴퓨터로 메모하지 않는다

캘리포니아 대학교 로스앤젤레스(미국)

● ●

최근에 취재할 때 PC나 태블릿으로 메모하려는 기자가 늘었다. 지금으로부터 10년 정도 전에는 누구나 종이에 연필로 메모했던 것 같은데 시대가 점점 변하고 있다.

나는 대학교 교수이기도 하지만 강의시간에 PC로 필기하려는 사람도 상당히 늘었다. 다만 나는 첫 강의 때 "PC는 사용할 수 없습니다. 평범하게 노트에 필기해 주세요." 하고 부탁한다.

왜 PC를 금지하는가 하면 그러는 편이 강의를 더 잘 이해하기 때문이다.

PC로 메모하면 그저 상대가 하는 말을 그대로 입력하려고 할 뿐 자신의 머리로 생각하지 않게 된다. 즉 PC를 이용하여 메모하면 이해도가 떨어질 수밖에 없다.

캘리포니아 대학교 로스앤젤레스의 패트리샤 그린필드는 커뮤니케이션학 강의를 들을 때 PC를 사용하는지 아닌지에 따라 학생들을 나누었다.

강의가 끝나자마자 불시에 테스트해 보니 PC를 사용하지 않은 그룹일수록 이해도가 높은 것으로 나타났다. PC를 사용하면 이해도가 떨어진다는 사실이 판명된 것이다.

그린필드는 화면상에 자막이 표시되는 뉴스와 표시되지 않는 뉴스를 만들어 그 내용을 얼마나 이해하는지도 비교해 보았는데, 자막이 없는 뉴스를 본 사람이 아나운서의 이야기를 더 잘 기억한다는 사실도 알 수 있었다.

다만 일상생활 중에 신선한 착상이 떠오르거나 업무에 바로 활용할 수 있는 아이디어가 생각날 때는 손에서 떠나지 않는 핸드폰 메모장을 이용하는 것이 좋다. 요즘엔 전자펜이 달린 휴대폰도 많아 일일이 핸드폰 자판에 입력할 것 없이 생각나는 아이디어나 정보를 전자펜으로 아무렇지도 않게 메모하면 되는 좋은 세상에 살고 있다. 또한 중요한 업무 정보나 중요한 사람과의 미팅 내용 등을 딱히 메모할 데가 없다면 핸드폰 녹음기에 녹음해 놓고 필요할 때 들어보며 업무나 비즈니스에 응용하는 것도 문명의 이기를 적극 활용하는 좋은 방법이 될 수 있다.

PC로 메모하려는 사람에게 미안하지만, 내가 종이와 연필을 사용하라고 부탁하는 데는 이와 같은 확실한 이유가 있어서이다.

022

회의는 서서 해야 한다

워싱턴 대학교(미국)

• •

우리가 회사에서 중요한 미팅을 하거나 신제품 프레젠테이션 같은 주요 행사를 치를 때 주로 발표자가 서서 발표하고 듣는 사람들은 의자에 앉아서 발표자의 의견을 듣는 경우가 대부분이다. 문제는 이렇게 앉아서 듣고 앉아서 의견을 나누는 회의에서 중요한 사안을 결정해야 할 경우나 의견이 팽팽하게 맞서는 의제가 있을 경우엔 회의 분위기가 무거워지면서 참가자들도 필요 이상으로 기분이 고조돼 생산적이지 못한 회의로 흐를 경향이 높다는 데 있다.

회사원들에게 익숙한 앉아서 하는 회의는 오랜 시간 하거나 상하 직원이 분명히 구별돼 주장하는 사람과 들어야만 하는 사람이 나뉘게 마련이고, 회의의 분위기도 대부분 답답하고 무거워지는 경우가 많다. 물론 참가자의 성격에 따라 다르겠지만 의견충돌도 일어나고 껄끄러운 분위기가 되기 쉽다.

사실 그런 회의를 화목한 분위기로 만드는 간단한 방법이 있다. 게다가 돈도 전혀 들지 않는다. 어떤 소품을 준비할 필요도 없고 매우 편리한 방법이다.

그 방법은 바로 회의를 서서 하는 것이다. 이상이다(웃음).

단 한 가지만 바꾸면 믿을 수 없을 정도로 즐거운 분위기 속에서 회의할 수 있다. '거짓말이겠지' 싶겠지만 시험 삼아 꼭 한번 해보기를 바란다. 바로 '서서 하는 회의'가 얼마나 좋은지 체감할 수 있을 것이다.

워싱턴 대학교의 앤드루 나이트는 대학생 214명에게 3~5명으로 그룹을 만들어 '대학 입학 희망자를 늘리려면 어떻게 해야 하는 가'라는 주제로 이야기를 나누도록 했다.

단, 나이트는 실험실로 두 방을 준비했다. 하나는 가운데 테이블이 놓여 있고 그 주위에 의자가 다섯 개 놓인 방이다. 다른 하나는 가운데에 테이블은 있지만 의자를 전부 빼버린 방이다. 바로 선 채로 대화하도록 만든 방이다.

그 후 30분간 대화하도록 하고 그 모습을 비디오로 계속 녹화했다. 나중에 판정자 세 명이 그 비디오를 보고 평가했는데, 선 채로 대화한 그룹이 다음과 같은 모습을 더 많이 보이는 것으로 나타났다.

• 대화가 활기를 띤다
• 독특하고 신선한 아이디어가 많이 나온다

선 채로 회의하면 화기애애한 분위기 속에서 자유로운 발언이 촉구된다. 따라서 좋은 아이디어도 더 나오기 쉽다.

나이트가 지적하지는 않았지만, 개인적으로 서서 하는 회의에 하나 더 좋은 점이 있다고 생각한다.

바로 회의시간을 단축할 수 있다는 점이다. 선 자세는 앉은 자세에 비해 피곤하다 보니 참가자들이 '가능한 한 빨리 끝내자'고 의식하여 회의시간도 단축되는 듯하다.

회의가 우울하게 느껴지는 독자 여러분. 꼭 이렇게 제안해 보기를 바란다. "다음부터는 서서 회의해 보지 않으실래요?"

생각 하나
바꿨을
뿐인데

023

의견의 좋고 나쁨보다 목소리 크기로 결정된다

캘리포니아 대학교 버클리(미국)

● ●

회의에서는 대개 '목소리가 큰 사람의 의견이 통한다'는 참으로 신기한 현상을 볼 수 있다.

그냥 생각해서는 제안이나 아이디어의 좋고 나쁨에 따라 채용 여부가 결정되고, 또 결정되어야 한다. 나쁜 아이디어는 당연히 기각되어야 하는데 실제로는 그렇게 되지 않는다.

- 목소리가 크다
- 왠지 자신만만하다
- 당당하다

대체로 이런 분위기를 풍기는 사람의 의견이 채택된다.

캘리포니아 대학교 버클리의 캐머런 앤더슨은 4명씩 그룹을 만들고 '조직을 개선하려면 어떻게 해야 하는지' 대화를 나누도록 했다. 그 장면을 비디오로 찍어놓고, 나중에 어느 참가자의 의견이 쉽게 채택되는지 알아봤다.

그랬더니 의견이 좋든 나쁘든 간에 '목소리가 큰 사람'의 의견이 채택되기 쉽다는 사실을 알 수 있었다. 훌륭한 의견이라든가 창의적인 제안이라든가 하는 점은 그다지 고려되지 않았다. 아무리 하찮은 의견이라도 큰 소리로 발언하면 다른 참가자들은 왠지 모르게 수긍했다.

정말 이상한 일이지만 이것이 현실이다. 뭐, 일반적인 회사라면 대개 사장이나 중역이 회의에서 큰 소리를 낼 테고 그런 상급자의 의견이 통과되기 쉽다는 점을 생각하면 그렇게 이상한 이야기는 아닐지도 모르겠다.

그런데 자신의 콘텐츠나 회의 내용에 자신 있는 사람들은 그리 큰 소리로 상대에게 자신의 의견을 강요하지 않는다. 그보다는 중요한 콘텐츠 내용이나 꼭 들어야 할 정보 등에 집중해 상대가 주의 깊게 관심을 가질 수 있도록 최대한 차분하면서도 또박또박 말하기를 좋아한다. 그래야 감정이나 형식적인 분위기에 휩쓸리지 않으면서 자신이 강조하고자 하는 중요한 핵심 내용을 상대가 집중해 들을 수 있기 때문이다.

물론 회의 상황이나 내용에 따라 회의 연출은 다양하겠지만, 아직까지는 대체로 회의에서 어떤 제안을 할 때는 '여하튼 큰 소리를 내면 되겠다'는 점을 기억해 두면 좋다. 큰 소리로 발언하면 그 기세에 눌려 다른 사람들도 받아줄 확률이 높아질 테니까 말이다.

　의견이 분분해질 것 같은 주제로 회의할 때도 좌우간 큰 소리로 발언하자. 그렇게 하면 목소리의 기세에 집어삼켜져 모두가 찬성해 줄지도 모른다.

024

상대의 일을 중단시키더라도 말을 걸면 좋은 점

미네소타 대학교(미국)

· ·

"○○ 씨에게 물어볼 게 있는데 바빠 보이네…."

"지금 말을 걸면 방해되지 않을까…."

"어떡하지. 지금 확인해 두고 싶은데 나중에 해야 할까…."

이처럼 다른 사람에게 말을 걸기 어려울 때가 있다. 특히 상대가 진지한 표정으로 일하고 있을 때 대부분 말 걸기가 주저된다.

하지만 심리학 데이터에서 '말을 거는 편이 좋다'는 사실이 밝혀 졌다. 상대방을 방해해도 괜찮다는 뜻이다.

미네소타 대학교의 메리 젤머 브룬은 의약품 산업에서 일하는 세 기업의 48개 팀을 대상으로 조사해보았다.

상대방의 일을 중단시키고 질문하거나 의견을 말하는 것이 과 연 유효한가를 조사하려는 목적이었다.

세세한 이야기는 차치하고 어떤 결과가 나왔는가 하면 '방해를 해도 괜찮다'는 명확한 결론이 도출되었다. 설령 상대의 일을 방해하더라도 그로 인해 실수를 미리 방지하거나 새로운 지식이나 절차를 서로 습득할 수 있기 때문이다.

"작업하시는 데 죄송해요. 여기는 ○○하는 편이 좋지 않을까요?" 하고 말을 걸자 상대도 "아, 맞아, 그렇네! 그렇게 하는 편이 훨씬 편하네. 왜 여태껏 그럴 생각을 못 했지." 하고 응해 주는 일이 많았다. 즉 서로가 덕을 보는 것이다.

할 말이 있을 때는 설령 상대방에게 방해가 되더라도 말을 걸어야 한다. 어떤 제안이 있다면 그것도 주저하지 말고 전하자. 물론 그중에는 방해를 받아 기분이 언짢아지는 사람도 있을 수 있지만 그런 것을 신경 써서는 안 된다. 결국은 팀을 위한 일이므로 방해를 받은 상대도 불평하지 않는다. "일하시는 중에 실례합니다.", "작업을 방해해서 죄송한데요." 하고 미리 양해를 구하면 그렇게 트집을 잡으며 화내는 사람은 없지 않을까.

문제를 알아차렸을 때 망설이고 있으면 점점 사태가 나빠질 수도 있다. 이럴 때는 곧바로 다른 사람에게 "일이 조금 이상하게 흘러가고 있는데요…." 하고 말을 걸어야 한다.

025

왜 연배가 있을수록 실언을 할까

퀸즐랜드 대학교(호주)

• •

어느 기업이든 중역이 될 정도면 나이가 꽤 많은 사람일 것이다. 가끔 젊은 임원도 있지만 대부분은 상당한 고령자이다.

그렇기에 중역 회의에서는 의제와 전혀 관계없는 이야기만 하고, 결정해야 할 일이 좀처럼 결정 나지 않는 현상이 발생한다.

하지만 본인들에게 악의가 있어서 그런 것은 아니다. 나이가 들면 누구나 그렇게 된다.

호주 퀸즐랜드 대학교의 윌리엄 폰 히펠에 따르면 연배가 있는 사람이 갑자기 맥락 없는 이야기를 하거나 무심코 실례되는 말을 하는 것은 노화에 따른 전두엽 위축이 원인이라고 한다. 단순한 노화 현상인 것이다.

정치가라도 마찬가지다. 장관급 정치인이 되면 아무래도 상당한 고령자이다. 그런 정치인이 차별적인 발언을 해서 언론에 얻어맞는 일이 종종 뉴스에 나오는데, 당사자에게 악의는 없다.

실제로 정치인 스스로 카메라 앞에서 대답하지 않는가. "나는 그런 의미로 말한 것이 아니다!" 전두엽이 위축되어, 말하면 안 되는 것을 억제할 수 없을 뿐이다. 물론 그래도 해서는 안 될 말을 하는 건 안 되지만 말이다.

연배가 많은 직장 선배로서 후배들에게 인정받기 위해서는 가급적 필요한 말 외에는 하지 말고, 연장자 특유의 미소나 편안한 배려 등으로 언어 외적인 기대감을 갖도록 연출하는 것이 중요하다. 그래서 '나이가 들면 말은 줄이고 지갑은 열라'는 격언도 있지 않은가. 그만큼 언어를 신중하게 사용하고 절제의 미덕을 발휘하게 되면 젊은 후배들은 연장자의 그동안의 경험치를 제대로 인정해 주게 될 것이다. 여기에 한 발 더 나아가 무언가 배울 점이 많은 선배로 인식되는 덤을 후광 효과처럼 얻을 수도 있으니, 이보다 더 좋은 직장 처세법이 어디 있겠는가.

연배가 있을수록 갑질 발언이나 성희롱 발언도 하지 않도록 조심하자.

젊었을 때는 해서는 안 될 말을 스스로 억제할 수 있는 사람도 나이가 들면 아무래도 억제가 잘 안 된다.

폰 히펠은 노화로 뇌가 위축되면 다른 일에서도 자기 억제가 불가능해진다고 한다. 예를 들어 고령자일수록 도박에 빠지기 쉬우니 주의해야 한다고 경고했다.

그러고 보면 경마장이라든가, 보트 경기장이라든가, 슬롯머신 가게에서 많은 노인을 볼 수 있다. 단순히 '남는 시간을 주체하지 못해서 가는 걸까' 싶었는데 아니었다. 아마 노화로 인해 스스로 잘 억제할 수 없어서 그런 듯싶다.

생각 하나
비꼈을
뿐인데

026

트집을 잡는 사람은 지적으로 보인다

브랜다이스 대학교(미국)

· · ·

기본적으로 다른 사람의 의견이나 아이디어에 반대하거나 비판하지 않는 편이 좋다. 트집 잡힌 상대는 자기 체면이 깎인 것처럼 느껴져 불쾌감을 느끼기 때문이다. 당연히 트집 잡은 사람을 싫어하게 되고 원망할 수도 있다.

그렇다고 예를 들어 회의에서 누군가의 제안이나 의견에 트집을 잡으면 절대 안 되는가 하면 그렇지도 않다. 트집을 잡으면 '이녀석, 제법인데!'라고 생각하기도 한다.

미국 브랜다이스 대학교의 테레사 아마빌레는 〈뉴욕 타임스〉의 서평을 호평 버전과 혹평 버전으로 만들어 보았다. 예를 들면 호평 버전에서 '훌륭한 데뷔작'이라고 한 부분을 혹평 버전에서는 '지루한 데뷔작'으로, '임팩트 있는 중편소설'을 '그렇고 그런 중편소설'

로, 이런 식으로 몇 군데 바꿔놓았다.

각 버전의 기사를 읽은 소감을 물어보니 혹평 버전은 '지적'이라는 감상이 14%, '문학적 전문성'이 16%나 높게 평가된 것으로 나타났다.

신기하게도 트집을 잡으면 아무래도 지적인 인상을 주는 듯하다.

트집을 잡는다는 행위는 부정적으로 보면 상대방의 약점만 잡고 늘어지는 비인간적인 행태로 비칠 수도 있지만, 긍정적인 의미로는 중요한 문제나 핵심적인 내용에 대해서 남보다 더 진지하고 깊이 있게 분석하고 파헤치는 행위로도 볼 수 있다. 그리고 이런 행위 자체는 회의나 토론 때 중요 내용에 대해 잘 알고 있는 사람만이 할 수 있는, 자신감 있는 자세일 수 있는 것이다. 따라서 이처럼 한 가지 문제에 대해 집요하게 파고드는 사람을 보면 아무래도 전문적인 식견을 갖춘 전문가거나 해당 분야에 상당한 식견을 지닌 지식인으로 보일 수밖에 없는 측면이 분명 있다.

지적으로 보여도 미움을 받으면 무슨 소용인가.

비평가나 연구자라면 자신을 지적으로 보여주는 작전으로서 누군가에게 트집을 잡을 수도 있겠지만, 보통 사람들이 그러면 주위 사람들이 거북하게 여길 뿐인 듯싶다.

누군가에게 트집을 잡을 때는 아무쪼록 주의하고 '가볍게 트집을 잡는' 정도라면 괜찮지 않을까.

027

악의가 없더라도 사람을 놀리지 않는다

웨이크포레스트 대학교(미국)

• •

　재미 삼아 사람을 놀려서는 안 된다. 자신에게는 '단순한 농담'일지라도 놀림을 당한 사람은 아주 불쾌할 수 있다. 설령 주위 사람들이 웃어준다고 해도 놀림을 당한 본인은 씁쓸한 마음이 들기 마련이다.

　통통한 부하에게 "너 베이맥스 같아."라며 놀렸다고 하자. 베이맥스는 디즈니 애니메이션의 캐릭터로 귀엽다는 의미를 담았다 하더라도 아마 놀림을 당한 부하는 언짢을 것이다. '돼지' 소리를 들은 것과 마찬가지로 받아들이기 때문이다.

　직장인도 허물없이 놀리거나 하면 뜻하지 않은 일을 당하게 된다.

　중요한 일로 발목을 잡으려 하거나, 자신이 없는 곳에서 험담하거나, 의자 위에 압정을 놓을지도 모른다. 놀림을 받은 사람은 반드시 어딘가에서 복수하고 싶은 법이다.

미국 웨이크포레스트 대학교의 마크 리어리는 1995년부터 2001년까지 미국 학교에서 일어난 총기 난사 사건 15건을 분석해 봤다.

그러자 15건 중 무려 13건은 범인이 '뭐, 그런 일로!?'라고 생각할 만한 사소한 이유 때문에 사건을 일으킨 것으로 나타났다. 반 친구들이 놀렸다거나, 따돌렸다거나, 차갑게 대했다거나 하는 등 정말 사소한 인간관계에서 비롯된 이유가 대부분이었다.

정말 '뭐, 그런 이유로?' 싶은 이유로도 사람은 충동적으로 행동할 수 있다.

현대 사회는 불특정 다수의 사람들과 알게 모르게 늘 연관된 채 생활을 영위해야 하는 시대이다. 따라서 자신은 까맣게 잊고 있는 일이라고 해도 어떤 사람이 무슨 일로 자신에게 해코지를 할지 알 수 없는 것이다. 무엇보다 남에 대한 얘기를 하거나 남을 대할 때는 좋지 않은 행동이나 말장난은 무조건 하지 않도록 하자. 세상에는 내가 언제 그랬나 싶은 사소한 일로 결과가 안 좋게 나타나는 일들이 얼마든지 있다.

또한 직장 내에서는 남이 보지 않는 곳 — 화장실, 복도, 타부서 자리 등 — 이라고 해도 회사 사람 얘기는 아예 하지 않는 것이 좋다. 직장이라는 공간은 비밀스럽고 개인적인 공간이 생각보다 많지 않고, 어떤 이유로든 연결된 선후배, 상사, 부하직원들로 구성되어 있기 때문에 어디서 어떤 말이 회자될지 알 수 없는 것이다. 그 저 직장에서는 군소리 없이 맡은 업무에만 성실히 임하는 것이 자 신을 위한 최선의 방법이다.

아무리 그래도 일본에서 총기 난사 사건이 일어나지는 않겠지 만, 부하나 후배를 놀리다 보면 언제 칼에 찔려도 이상하지 않다.

최근에는 전철 내에서 모르는 사람의 칼에 찔리는 사건이 종종 일어나는데, 그러한 사건 또한 범인의 동기는 매우 하찮은 이유일 때가 대부분이다.

복수를 당하지도 않고 평온하고 무탈하게 생활하기를 바란다면 비록 악의가 없더라도 남을 놀리지 않는 편이 좋다.

굳이 적을 만들어서 손해 볼 일은 없다. 술자리든, 휴식시간이든 무심코 사람을 놀리지 않도록 주의하자.

028

왜 동성에게 고민을 상담하면 안 될까

암스테르담 자유대학교(네덜란드)

• •

독일어에는 '샤덴프로이데'라는 단어가 있다. '남이 불행을 당하면 즐거움이나 기쁨을 느낀다'는 뜻이다.

사람에게는 악마 같은 일면이 있어서 누군가가 불행한 일을 당하면 불쌍하다고 여기는 한편 '킥킥, 고소하다' 하고 내심 기뻐하기도 한다.

그렇다고 누구에게나 샤덴프로이데를 느끼는가 하면 그렇지 않다. 사람은 특히 동성에게 샤덴프로이데를 느끼기 쉽다.

남성은 같은 남성 동료가 "아, 또 상사한테 왕창 깨졌어….." 하고 침울해하는 모습을 보면 즐겁고, 여성은 여성 상사가 고객에게 호통 받는 장면 등을 목격하면 '풋, 저런 큰일이네' 하는 기분이 드는 모양이다.

동성과 상의하기 좋은 대화거리는 경쟁이나 업적 등 자신의 실력이나 업무와 관련된 내용보다는 자신이 좋아하는 사람이나 존경하는 대상에 대한 평가나 코칭을 구하는 화제가 무난하다. 이런 주제는 동성 상대가 느끼는 질투나 이기적인 감정과는 어느 정도 거리를 둘 수 있는 흥밋거리이기 때문에 상당히 객관적인 평가를 기대할 수 있다. 또한 연인이나 존경하는 사람 같은 이성에 대한 평가나 의견은 의외로 동성 친구들이 훨씬 객관적이고 공감 가는 의견을 내놓기에 알맞은 주제일 수 있다.

네덜란드 암스테르담 자유대학교의 윌코 판 다이크는 대학생 249명에게 성적이 매우 우수하고 졸업하면 일류 회사에 들어갈 수 있을 것 같은 학생이 교수에게 혼나는 시나리오를 읽도록 했다.

단, 사람에 따라 이 인물의 이름을 달리하여 주었다. 어떤 사람의 글에서는 '마이크'(남성명), 또 다른 사람의 글에서는 '마린'(여성명)이라고 했다.

시나리오를 다 읽은 다음에 "얼마나 고소하게 느껴지나요?", "얼마나 기쁘게 느껴지죠?"라고 물어보자 남성은 '마이크' 버전, 여성은 '마린' 버전을 읽었을 때 샤덴프로이데를 느끼기 쉬운 것으로 나타났다.

우리에게 동성이란 겨루어야 하는 경쟁자다.

그 경쟁자가 큰일을 당할 때 우리는 기쁨을 느끼는 듯하다.

이성이 불쌍한 상황에 처했을 때는 동정이나 연민, 슬픔을 느끼지만, 동성일 때는 다르다. 어쨌든 동성은 잠재적으로 자신의 적이니까 말이다.

일하다 실수하거나 우울한 일이 생겼을 때 사람들은 대부분 동성에게 고민을 털어놓으려 하는데, 이는 잘못된 선택이다. 동성에게 고민 상담 등을 하면 입으로는 "힘들었겠구나."라고 동정하는 말을 해주겠지만, 속으로는 기뻐하며 잘됐다고 만족스럽게 싱글벙글하고 있을 수도 있다.

고민 상담은 이성에게 하자. 이성이어야 샤덴프로이데를 느끼지 않고 제 일처럼 상담해줄 것이다. "뭐? 이성 친구가 없다고?" 그것 참 난처한 일이다. 그럼 우선 이성 친구를 찾는 노력부터 시작해보기 바란다.

생각하나
바꿨을
뿐인데

029

실수가 허용되는 사람의 '후광 효과'

텍사스 대학교(미국)

• • •

설령 비슷한 실수를 해도 "괜찮아! 신경 쓰지 마! 다음에 잘하면 되지." 하고 모두에게 격려를 받는 사람이 있고, "바보 자식! 뭐 하는 거야!" 하고 호통을 받는 사람이 있다.

그럼 어떤 사람일수록 너그럽게 봐줄 수 있을까? 바로 엘리트이다. 일을 잘하는 사람은 아무리 실수해도 괜찮은데, 일 못하는 사람은 같은 실수를 해도 용서받지 못한다.

세상이란 참으로 부조리로 가득해서 사실 일 못하는 사람을 봐주면 좋을 텐데 실상은 그 반대이다. 일을 잘하는 사람은 무엇이든 좋게 평가받지만, 일 못하는 사람은 어떤 일이든 엄하게 평가받는다.

심리학에서는 이런 현상을 '후광 효과'라고 한다.

미인이나 잘생긴 사람이 어떤 실수를 하더라도 너그럽게 봐주는 것 또한 후광 효과에 해당한다. 일을 잘하는 사람이 실수해도 용서받기 쉬운 것도 후광 효과 덕분이다. 아주 부당한 현상이지만 사실이 그러하니 어쩔 수 없다.

텍사스 대학교의 브라이언 밀스는 야구 심판에 관해 연구했다.

밀스가 조사한 결과, 심판은 일류 선수일수록 너그럽게 판정한다는 사실을 알아냈다. 심판은 일류 타자 선수가 타석에 서면 스트라이크로 잡지 않는 경우가 많았다. 일류 선수일수록 후광 효과가 작용하여 아무래도 심판은 너그러운 판정을 내린다. 역시 심판도 사람이다.

일이 잘 풀리지 않아 모두에게 폐를 끼치고 혼날 때 "지난번에 ○○ 씨가 저와 같은 실수를 했을 때는 아무도 책망하지 않았잖아요!" 하고 덤벼도 소용없다. 자신에게는 후광 효과가 작용하지 않았구나 하고 바로 포기할 수밖에 없다. '그런 게 어딨어!' 싶겠지만 세상이 그렇게 돌아가니 어차피 체념할 수밖에 없다.

어떤 업종이든, 어떤 일이든 일을 하다 보면 반드시 실수하기 마련이다. 실수해서 혼났을 때는 진심으로 반성하고 같은 실수를 되풀이하지 않도록 하자. 그러다가 일하는 실력이 늘면 이번에는 다른 사람들이 자신에게서 후광 효과를 볼 것이다. 그때까지는 참도록 하자.

030

여성의 긴 이야기와 높은 실적에는
상관관계가 있다

요한 볼프강 괴테 대학교(독일)

• •

얼마 전 일인데, 도쿄올림픽과 패럴림픽대회 조직위원회의 모리 요시로 전 회장이 "여성 참가자가 많은 이사회의 회의는 시간이 오래 걸려요."라고 여성 멸시 발언을 했다가 사임하여 뉴스로 보도되었다. 여성을 차별하는 것은 윤리적으로도, 도덕적으로도 용납될 수 없다는 사실은 말할 것도 없다. 하지만 심리학적으로 보면 모리 전 회장이 말한 '여성은 잡담이 길다'는 점은 사실이다.

독일 요한 볼프강 괴테 대학교의 귀도 프리벨은 이탈리아와 그리스에서의 통화기록 3,103명분을 분석한 적이 있는데, 여성이 남성보다 통화를 한 번 할 때 16% 더 길게 하는 것으로 나타났다. 여성은 대화하기를 좋아하는 모양이다.

프리벨은 독일 소비자 서비스업체 오퍼레이터의 기록도 분석해봤다. 그러자 여성 오퍼레이터는 남성 오퍼레이터보다 고객과 15% 더 길게 대화한다는 사실을 알 수 있었다.

물론 그러니까 "여자는 못 쓴다."는 말을 하고 싶은 것이 아니다. 여성 오퍼레이터와 고객의 대화가 길어지는 경향을 보인다고 해서 비효율적인 방식인가 하면 그렇지도 않았다. 프리벨에 따르면 여성 오퍼레이터의 판매 실적이 오히려 조금 높았다.

어떤 직업이든 다 말 많은 여성이 좋다는 얘기는 아니다. 무엇보다 여성의 섬세하고 친절한 배려심과 상대에게 하나라도 더 말해야 상대가 만족할 수 있는 업종에서 여성의 말 많은 장점이 효과를 발휘한다는 것이다. 이런 업종으로는 전화 상담이나 제품 설명 직업, 개인이나 집단 심리상담 직종, 조언이나 지식 제공이 많아야 하는 컨설턴트나 강연자 등이 있다.

여성 오퍼레이터의 대화가 길다는 말은 그만큼 정성껏 진심으로 설명한다는 뜻이고, 이는 고객으로서 기쁜 일이다. 최대한 간결하게 설명하고 시간을 단축하는 것이 능사가 아니다. 고객 마음에는 오히려 시간을 들일 때 더 기쁜 일도 있는 법이다.

의사 선생님도 마찬가지다. 설령 효율적으로 대화하려는 의도였다 해도 '3분 진료'를 하면 환자는 그렇게 좋아하지 않는다. 역시 사람의 본심은 시간을 조금 들여서 차분히 이야기를 들어주기를 바라는 데 있다.

그런 의미에서 '여성은 대화가 길다'는 말은 사실이지만, 그렇기에 '여성이 대화를 더 잘한다'는 말이 되기도 한다.

당신의 인생을 바꿔줄
부와 성공을 만드는 행동 심리학

THINK

표현할 수 없는 것을 표현하게 하는 성공법칙

Part 3

성공하는
'경영'의 심리 법칙

031

의례를 추가하면 같은 음식이라도
더 맛있게 느껴진다

미네소타 대학교(미국)

• •

스타벅스 카페를 처음 방문하면 일반 카페와는 너무 달라서 깜짝 놀랄 것이다. 일반 카페에서 커피를 주문하면 서버에 내려놓은 커피를 컵에 붓기만 하는데, 스타벅스에서는 무언가 낯선 기계를 이용하여 의례 같은 일을 몇 단계나 거치기 때문이다.

많은 사람이 스타벅스 커피를 맛있게 여기지만, 그것은 맛있는 원두를 사용해서가 아니라 '의례가 많아서'가 아닐까. 적어도 심리학적으로는 그렇게 예상할 수 있다.

미네소타 대학교의 캐슬린 보스는 대학생 52명에게 초콜릿 시식 실험을 해보았다.

단, 학생들을 둘로 나누고 한 그룹에만 '의례'를 추가하였다. 구체적으로는 다음과 같이 지시하고 나서 시식하도록 했다.

"먼저 초코바의 포장을 뜯기 전에 초코바를 두 개로 나누어 주세요. 그러고 나서 포장을 반만 뜯어 드세요. 다음으로 나머지 포장을 뜯어서 드세요."

다른 한 그룹에는 아무런 지시도 내리지 않고 그대로 시식하도록 했다.

그리고 초콜릿의 맛을 평가하도록 했는데, 똑같은 초콜릿을 먹었는데도 의례를 추가한 그룹이 더 "맛있다!"고 평가했다.

또 "지금 드신 초콜릿을 얼마에 사시겠어요?"라고 질문하자 의례를 치르고 시식한 그룹에서는 평균 0.95달러라고 답했다. 의례를 치르지 않고 시식한 그룹에서는 똑같은 초코바를 평균 0.34달러밖에 내고 싶지 않다고 대답했다.

음식에 관련된 특별한 의례는 먹는 사람에게 '내가 이 음식을 먹고 있다는 각별한 느낌이 들도록' 하는 이상한 매력이 있다. 가령 연어회를 즐기고자 온 손님에게 노르웨이의 토종 야채 쌈에 연어를 내놓는다거나, 카레의 독특한 풍미를 살리는 인도식 요구르트를 카레와 함께 내놓는다면 그 음식이 지닌 이국적인 풍미를 더욱 돋우는 역할을 할 수 있을 것이다. 뿐만 아니라 자신이 먹는 음식이 남들이 먹던 것과는 전혀 다른 색다른 자연의 맛을 추가해 준다는 독특한 음식 스토리텔링이 곁들여질 수 있어 고객으로 하여금 먹는 내내 대접받는 느낌이 들도록 음식 자리를 빛내 줄 수 있을 것이다.

의례를 추가하면 같은 것이라도 더 맛있게 느껴질 뿐만 아니라 '돈을 더 내도 좋다'는 기분이 더욱 강하게 든다는 것이다. 어쩌면 스타벅스에서 커피값을 조금 비싸게 설정한 데도 이러한 심리를 이용했을지도 모른다.

032

'대기 시간'을 즐기는 장치를 해둬라

시카고 대학교(미국)

• •

우리는 하는 일 없이 시간을 보내면 몹시 고통스럽다. '아무것도 하지 않는다'는 것은 굉장히 스트레스를 받는 일이다. '아무것도 하지 않을 바'에야 힘든 일이라도 무언가를 하는 편이 훨씬 기분이 편하다.

시카고 대학교의 크리스토퍼 시는 대학생 98명을 대상으로 두 가지 조사를 했다. 단, 첫 번째 조사가 끝났을 때 "다음 조사 준비가 아직 안 됐으니 15분만 기다려 주세요."라고 알렸다.

이때 15분 동안 아무것도 하지 않고 기다려도 되지만 "도보로 왕복 15분 걸리는 곳에 회수 상자를 설치했으니 1차 조사 결과를 내러 거기에 갔다 와도 돼요."라고도 말했다. 그러자 많은 학생은 후자를 선택했다.

아무것도 하지 않고 멍하니 기다리는 것보다 15분간 걷고 오는 편이 더 낫다는 의미이다.

아이는 '아무것도 하지 않고 기다리기'가 어른 이상으로 서툴러서 레스토랑에서 주문한 음식이 나오기를 기다릴 수 없다. 그러한 심리를 아는 점원 등은 아이에게 색칠 놀이나 나무 블록을 가져와 "이걸로 놀고 있으렴."이라고 말한다.

그러고 보면 패밀리 레스토랑 사이제리야에는 테이블 위에 귀여운 그림이 그려진 '틀린 그림 찾기'가 놓여 있다.

굉장히 어려워서 어른들도 정답을 찾기가 까다로운데, 그 덕분에 음식이 나오기를 기다리는 시간이 조금도 지루하지 않다. 오히려 틀린 곳을 다 찾기 전에 요리가 나와서 '요리가 조금 더 늦게 나왔어도 됐는데' 싶을 정도이다. 이는 고객이 기다리는 시간을 즐길 수 있는 훌륭한 아이디어인 듯하다.

그런데 가끔은 음식이 나오는 대기 시간대에 막간을 이용해 즐기는 놀이나 영화 시작 전 흘러나오는 막간 광고가 오히려 본 음식이나 영화 상영에 방해가 될 때도 있다. 그래서 어떤 음식점에서는 본 음식이 나오기 전까지 종업원이 기본 테이블 세팅 외에는 아무것도 하지 않고 손님을 기다리게 하는 음식 연출법을 하는 음식점도 있다. 이처럼 본격적인 메인 음식이나 본 공연을 더 기대하고 먹고 볼 수 있도록 막간을 아예 기다림의 시간으로 남겨놓는 것도 효과적인 상품 연출법이 될 수 있을 것이다.

디즈니 리조트에서는 놀이기구 대기 시간이 힘들지 않도록 줄서 기다리는 곳곳에 전시물을 설치하고 행렬이 앞으로 나아갈 때마다 다양한 것을 보고 즐길 수 있도록 장치를 해두었다.

이러한 장치는 다른 업종에서도 꼭 본받았으면 한다. 개인적으로 평소에 병원의 대기시간에 기다리는 고객을 위해서 좀 더 신경 써서 즐길 거리를 마련해 두면 어떨까 하는 생각이 든다.

033

되도록 무게감이 있는 식기를 내놓아라

발렌시아 공과대학교(스페인)

• •

이번에는 음식점 경영자를 위한 조언을 하나 하고자 한다.

굉장히 간단한 것인데, 고객에게 내놓는 요리 그릇은 전부 무게감이 있는 것으로 하자. 손에 닿았을 때 묵직한 무게감이 느껴지는 식기를 고르는 것이 포인트이다.

가게에서 내놓는 요리가 묵직한 식기 하나로 20%, 30% 더 맛있게 느껴진다. 물론 가게의 평판도 좋아진다.

스페인 발렌시아 공과대학교의 베티나 피케라스 피즈먼은 무게가 다른 그릇 세 개를 준비하고 각 그릇에 성분이 완전히 동일한 요구르트를 담아 시식하는 실험을 했다.

시식할 때는 그릇을 손에 들고 맛을 보도록 지시했다. 그릇을 테이블에 둔 채로는 그릇의 무게를 느낄 수 없으니 말이다.

시식이 끝났을 때 평가를 부탁하자 놀랍게도 같은 요구르트를 먹었는데도 무거운 그릇으로 먹은 사람들은 요구르트의 맛이 '진하다'고 평가했고, 가격을 맞혀보라고 하니 '비싸다'고 대답했다.

즉 똑같은 음식이라도 더 무거운 그릇에 담기만 하면 더욱 맛있고, 게다가 고급스럽게 느껴지는 것이다. 인간이란 참으로 신기한 생물이다.

예술가 기타오지 로산진은 "식기는 요리의 기모노"라는 말을 남겼는데, 식기는 요리의 맛을 바꿔버릴 정도로 영향력을 미친다.

바비큐를 할 때 종이컵으로 주스를 마시고 종이 접시에 요리를 담아 먹으면 왠지 맛이 없지 않은가. 종이로 만들어진 접시는 편리하지만 무게가 느껴지지 않고 종잇장처럼 얇아서 아무래도 요리가 맛없게 느껴진다.

음식점 경영자라면 여하튼 가게에서는 무거운 식기를 사용하자.

접시뿐만 아니라 포크와 숟가락도 무거운 편이 좋다. 무거운 것을 들고 먹으면 그만큼 고급스러운 느낌이 든다.

무거운 식기와 나이프를 고르면 그만큼 비용이 많이 들 수도 있지만 이런 데에 들이는 비용은 절대 헛되지 않다. 이미 사용하는 식기가 있다 하더라도 만약 무게감이 없는 식기라면 차라리 깔끔하게 전부 처분하고 새로운 식기로 바꾸어보기를 추천한다.

034

'만지는 상품'과 '사는 상품'을 나누어 진열하라

앨버타 대학교(캐나다)

• •

독자 여러분은 서점에서 책을 살 때 맨 위에 놓인 책을 그대로 계산대로 가져가지 않고 몇 권 아래쪽에 있는 책을 꺼내지 않는가. 다른 상품을 살 때도 앞에 있는 것이 아니라 일부러 안쪽 상품을 꺼내려고 하지 않는가.

캐나다 앨버타 대학교의 제니퍼 아르고에 따르면 소비자들은 여하튼 상품을 만지고 싶어 한다고 한다. 자기 손으로 상품을 만지면 그 상품을 사고 싶은 마음이 커진다.

이는 가판 세일이나 바자회 때 고객의 행동을 살펴보면 알 수 있다.

그런데 한편으로 다른 사람이 만진 상품은 '오염'된 것처럼 느낀다고 아르고는 지적했다. 그래서 고객은 자신도 실컷 상품을 만지

작거렸으면서도 막상 살 단계가 되면 무의식중에 다른 사람이 만지지 않은 상품을 고른다.

나도 편의점에서 잡지를 살 때 저도 모르게 위에서 두 번째 잡지를 꺼내려고 한다. 그렇게 사는 것이 '당연'해져서 거의 무의식적으로 하는 행동이다.

모든 판매처에서 만져도 되는 상품과 구매할 상품을 나누어 두는 게 상품 판매에 더 효과적인 결과를 낳지 않는 경우도 있다. 가령 해수욕장이나 계곡 같은 휴가지의 판매처에서는 고객이 살 물건을 고르는 대로 바로 먹거나 사용하길 원하는 구매 심리가 작용한다. 그래서 관광지나 유람지에서 판매하는 상품이나 먹거리는 가급적 바로 사용할 수 있도록 간편성이나 즉시성을 강조하는 제품 포장이나 즉석 포장을 한 식품이나 음식류, 일상용품이 많다. 그래서 이런 곳에서는 고객이 만지거나 시식을 하는 대로 바로 그 제품이나 음식을 사가는 경우가 대부분이다. 물론 사람들이 너무 많이 몰리는 유명 관광지라면 사정은 또 다르다. 이런 곳에서는 남의 시선을 의식해 한두 번 눈치를 살피다가 자신이 원하는 제품을 고르려는 고객의 성향이 있으므로, 이곳도 전시용 상품을 많이 진열해 놓고 판매상품은 고객의 시선에서 좀 떨어진 곳에 진열해 고객이 편하게 선택할 수 있도록 매장 진열을 하는 것이 좋다.

사람은 의외로 결벽증인 일면이 있어서 다른 사람이 만진 상품을 피하려는 경향이 있다.

따라서 의류를 취급하는 가게에서는 고객이 마음껏 만질 수 있는 상품과 구매할 상품을 나누어 두기도 한다. 구매할 상품은 비닐에 들어 있고, 시착용 제품은 꺼내서 진열한다.

고객의 구매 의욕을 자극하려면 실컷 만지도록 하는 편이 좋으나, 구매할 때는 다른 사람이 만지지 않은 상품을 주어야 한다.

물론 그중에는 전혀 신경 쓰지 않는 사람도 있겠지만 그런 사람은 아주 적다. 사람들 대부분은 될 수 있으면 다른 사람이 만지지 않은 것을 고른다.

035

경고문보다 보안 효과가 높은 방법은 거울을 놓는 것이다

몬태나 대학교(미국)

● ●

만약 고객이 도둑질할까 고민이라면 가게 곳곳에 거울을 놓아두면 좋다.

보안카메라처럼 몰래 설치하는 것이 아니라 아예 고객도 확실히 볼 수 있도록 보란 듯이 부착하거나 놓아두는 것이 포인트이다.

'웬 거울?'이란 생각이 들 수도 있다.

거울에 비추어 도둑질 현장을 쉽게 발견하려는 목적이 아니다. 고객에게 자신의 모습을 보여주려는 목적이다.

신기하게도 우리는 자신의 모습을 거울로 보고 '자기의식'이 높아진 상태에서는 그렇게 나쁜 일을 할 수 없게 된다. 거울을 보고 난 다음에는 '나쁜 짓은 그만둘까' 하고 자제하게 된다.

몬태나 대학교의 아서 비먼은 핼러윈 때 사탕이 든 그릇을 놓고 거기에 과자를 넣어두었다. 단, 그릇 뒤편에 거울을 놓아 자기 모습이 비치도록 해두었다. 그렇게 준비해 놓고 '한 사람당 한 개까지'라는 주의사항을 적어두었다.

어린아이는 대체로 약은 구석이 있어서 '한 사람당 한 개'라고 해도 이를 지키지 않는다. 주위에 아무도 없으면 두 개, 세 개, 슬쩍 훔친다. 그런데 비먼의 실험을 통해 거울을 놓아두면 과자를 두 개 이상 가져가지 않는다는 사실이 밝혀졌다.

도둑질이라든가 불법 주차라든가 쓰레기를 무단 투기하는 등 '이런 일을 하지 않았으면 좋겠다'고 바란다면 가까이에 거울을 놓아두자. 거울을 놓아두면 나쁜 일을 하지 않도록 억제해 줄 가능성이 커진다.

'○○하면 안 된다'는 경고문이나 간판 등을 놓아두어도 아마 큰 효과를 보기 어렵겠지만, 거울을 놓아두면 즉각적인 효과를 볼 수 있을 테니 꼭 해보기를 바란다.

036

고객층에 따라 2도 이상 바뀌는 '체감온도'의 비밀

콜로라도 주립대학교(미국)

· ·

만약 독자 여러분이 음식점을 운영하고 고객층으로 '혼자' 오는 손님이 많다면 여름의 더운 날씨에도 가게 냉방을 너무 세게 하지 않는 편이 좋다. "조금 추워요."라고 호소하는 사람이 늘어날 테니 말이다.

우리는 누군가와 함께 식사하면 마음이 따뜻해진다. 아니, 마음뿐만이 아니라 몸도 따뜻해진다.

그런데 혼자 식사할 때는 '어쩐지 쓸쓸하다', '어쩐지 적적하다'는 기분이 들고 실제로 몸도 춥게 느껴진다. 그래서 혼자 오는 고객이 많은 가게는 춥게 느끼는 사람이 많아서 가뜩이나 그렇게 냉방을 할 필요가 없다. '정말일까…' 싶겠지만 정말 사실이다.

혼자 오는 손님이 많은 음식점이나 편의점이라면 홀로 고객만이 사용할 수 있는 개인공간이나 상품 매대를 주매대 근처에 따로 설치하는 것도 이들을 배려하는 좋은 판매 전략이 될 수 있다. 나 홀로 고객들은 가끔 자신이 혼자 식사를 하거나 제품을 고르는 공간이 있다면 조금은 마음이 편안해지는 심리적 안정감을 느끼기 때문이다. 또한 홀로 매대를 찾은 다른 홀로 고객을 보면 '내가 이곳을 이용해도 되겠구나' 하는 이용고객으로서의 안도감이나 편안함도 느낄 수 있게 된다.

콜로라도 주립대학교의 이승환은 쇼핑몰 내에 있는 푸드코트에서 혼자서 식사하는 사람(28명)과 친구, 가족 등 누군가와 함께 식사하는 사람(28명)에게 따로 말을 걸어 이 푸드코트의 실온이 어느 정도라고 느끼는지 물어봤다. 그러자 다음 그래프와 같은 결과가 나왔다.

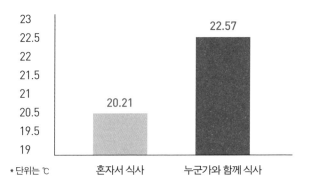

(출처 : Lee, S. H(M)., et al., 2014)

혼자 식사하면 체감적으로 2℃ 이상 춥게 느껴진다는 사실을 알 수 있다. 우리는 심리적으로 외로우면 신체적으로도 춥게 느낀다.

혼자서 온 고객이 많은 가게에서는 온도를 약간 높게 설정해 두어야 한다. 그러면 쾌적한 기분이 들어서 가게의 인기가 많아질 수도 있다.

037

'감정 증폭 효과'로 맛있게 느껴진다

예일 대학교(미국)

• •

많은 손님이 행렬을 이루는 가게의 요리는 왠지 맛있게 느껴진다.

그런데 그러한 인기 많은 가게의 음식이 객관적으로 정말 맛있는가 하면 사실 그렇지 않다. 왜 맛있다고 생각하는지(생각하게 만드는지)를 심리학적으로 분석해보면 진짜 이유는 '가게가 붐벼서'이다.

다른 사람이 있으면 그 사실만으로도 감정에 강한 효과를 준다. 이를 '감정 증폭 효과'라고 한다.

예일 대학교의 에리카 부스비는 실험을 통해 다른 사람이 있는 곳에서 초콜릿 미각 실험을 하면 혼자서 시식할 때보다 '맛있다'고 평가하기 쉬워진다는 사실을 확인했다.

생각하나
바꿨을
뿐인데

다른 사람은 다른 작업을 하고 있어서 직접 관여하지는 않지만 그래도 '가까이 누군가 있으면' 완전히 똑같은 초콜릿을 먹어도 더 맛있다는 감정이 증폭된다. 인간이란 참 신기하다.

참고로 부스비는 이어지는 제2 실험으로 다른 사람이 있는 곳에서 맛이 없고 쓴 초콜릿을 시식하면 '더 맛없다'는 평가가 높아진다는 사실도 밝혀냈다. 감정 증폭 효과는 긍정적인 방향으로도, 부정적인 방향으로도 작용하는 모양이다.

인기 많은 가게에서 먹는 음식이 왠지 맛있게 느껴지는 것도 아마 이런 심리 효과가 작용하기 때문일 것이다.

또 하나의 감정 증폭 효과를 보이는 현상은 지역의 명물 거리에서 그 지역 대표 음식을 먹을 때 원래 맛보다 사람들이 더 많이 모여드는 효과도 이와 다르지 않다. 가령 어느 관광지의 강변천변의 '국수거리'엔 수양버들이 늘어진 그늘에 평상을 펴고 국수와 파전을 먹는 풍경이 유명해져 너도나도 그 지역만 가면 국수를 시켜 먹는 사람들로 인산인해를 이룬다. 마찬가지로 후지산 근처의 유명 온천지에선 온천물로 반숙한 계란이 없어서 못 팔릴 지경이다. 이런 현상들은 다 그 지역만의 후광 효과가 더해져 특별히 맛있어서 그 음식을 먹는다기보다는 그곳에 가면 사람들이 다 그 음식을 먹으며 즐겁게 한철을 보내는 풍경이 좋아서 너도나도 그곳에선 그 음식을 먹는 경향이 있다는 것이다.

만약 인기 많은 가게가 우연히 손님이 없고 한산하면 똑같은 요리라도 아마 그렇게 맛있게 느껴지지 않을 것이 틀림없다. 심리학적으로는 그렇게 예상할 수 있다.

　가정에서 하는 식사도 마찬가지로 혼자 먹는 것보다 가족과 함께 먹는 편이 같은 요리라도 왠지 더 맛있게 느껴지는 법이다. 예전 일본 가정에서는 2세대, 3세대가 함께 사는 경우도 흔했고 많은 형제와 함께 식사했기에 지금과 비교하면 아마 보잘것없는 음식이라도 당시에는 아주 맛있게 느껴지지 않았을까.

038

맛은 함께 있는 사람에 따라 다르게 평가된다

듀크 대학교(미국)

● ○

우리의 미각은 물리적으로 결정되는 것이 아니라 심리적인 요인으로 결정된다. 똑같은 음식이라도 그때의 심리 상태에 따라 맛이 없게도, 맛있게도 느껴진다.

채소를 별로 좋아하지 않는 사람도 동석한 사람이 "맛있다! 맛있어!"라고 말하면서 입을 크게 벌리고 볼이 미어지도록 채소를 입에 넣는 모습을 보면 아마 자신도 덩달아 젓가락으로 채소를 집어 먹을 테고 '어, 이거 정말 맛있네!' 싶을 것이다.

젊은 사람들은 조림 같은 음식을 별로 좋아하지 않는 듯하지만, 내 아들은 어렸을 때부터 매우 좋아한다. 아버지인 내가 아주 맛있다는 듯이 입 안 가득 조림을 넣고 "진짜 맛있어!" 하고 말하는 모습을 보면서 컸기 때문일 것이다.

미국 듀크 대학교의 로빈 태너는 2인 1조로 짝을 이루어 스낵과자를 시식하는 실험을 했다.

단, 짝을 이루는 사람은 사실 실험 협조자인 '바람잡이'였다. 과자는 물고기와 동물 모양 크래커를 준비했는데, 바람잡이는 물고기 모양 크래커만 먹었다.

바람잡이가 물고기 모양 크래커만 먹자 진짜 참가자들도 덩달아 물고기 모양 크래커만 먹었다. 그리고 9점 만점으로 평가하도록 부탁하자 물고기 모양 크래커가 동물 모양 크래커보다 1.61점 높은 점수를 받았다.

우리는 자신도 모르게 함께 있는 사람에게 영향을 받는다.

음식을 먹는 데 사람에게 영향을 받는 현상은 유명인일수록 그 정도가 심하다. 가령 같은 곱창이라도 한국의 대표 보이그룹인 BTS의 한 멤버가 정말 맛있게 먹었던 맛집이라고 사람들에게 소문이 나면 그날로 그 음식점은 대단한 맛집으로 평가되는 것이 좋은 예이다.

앞서 인기 많은 가게의 요리가 맛있게 느껴지는 이유는 '단순히 가게가 번잡하기 때문'이라고 했는데, '다른 테이블 사람들이 맛있게 먹고 있어서'라는 이유도 덧붙일 수 있겠다. 다른 사람이 맛있게 먹고 있으면 그것을 본 우리도 맛있다고 느끼게 된다.

039

창업한다면 갑자기 독립하기보다
부업부터 시작하라

위스콘신 대학교(미국)

• •

만약 여러분이 회사에 다니는 월급쟁이고 어떤 비즈니스 모델이 떠올랐다고 하자. '이렇게 장사하면 잘될 것 같은데?' 하고 말이다.

만약 그런 기분이 든다고 해도, 회사에 알리지 않고 조용히 부업을 해보거나 주말에만 창업가가 되는 정도로 해두는 편이 좋다. 절대로 지금 다니는 회사에 사직서를 내던지는 어리석은 우는 범하지 말도록 하자.

일단 작은 곳에서 부업으로 시작해 보고 한동안 상황을 지켜보면서 정말 괜찮다는 확신이 들면 그때 회사를 그만두고 독립해서 창업해도 절대로 늦지 않다. 오히려 그렇게 하는 편이 안전하고 잘될 가능성도 크다.

위스콘신 대학교의 조지프 라피는 1994년부터 2008년까지 창업한 창업가 5천 명 이상을 분석해보았다.

창업가 중에는 회사를 그만두고 자신의 회사에 전념한 사람과 본업을 계속하면서 부업으로 창업가가 된 사람이 있었다. 단순히 생각하면 어쩐지 스스로 세운 회사에 전념한 사람이 잘될 것 같지 않은가. '배수진'을 치고 필사적으로 전념하는 편이 왠지 성공할 것만 같다.

그런데 실제 데이터는 반대 결과를 나타냈다. 본업을 이어가면서 부업으로 하는 사람이 실패할 확률은 33%나 낮았다.

원래 사업을 성공시키기는 어렵다.

일본 중소기업청 통계에 따르면 개인사업자는 창업한 지 1년 만에 폐업하는 비율이 37.7%이고 법인은 20.4%로, 단 1년도 버티지 못한 경우가 상당한 비율을 차지함을 알 수 있다. 게다가 창업하고 5년 이내에 80%의 사업이 실패한다고도 한다.

따라서 지금 다니는 회사를 갑자기 그만두는 것은 아주 위험한 선택이라고 할 수 있다.

자신만의 독창적인 사업 아이템이나 기술 아이디어가 있고, 조직생활을 하고 싶지는 않다면 젊은 나이에 맘에 맞는 사람과 함께 스타트업 회사를 차려 능력을 발휘해보는 것도 좋은 사회경험이 될 것이다. 이때는 회사를 성공시키는 것이 가장 좋은 결과겠지만, 열심히 능력을 발휘하다가 실패해도 최소한 '실패의 경험'이라는 훌륭한 인생 자산을 쌓을 수 있다. 이러한 경험이 발판이 돼 또 다른 좋은 사업으로 도전해볼 수도 있고, 자신만의 기술적 경험을 밑천 삼아 회사의 경력직으로 취직할 수도 있을 것이다. 다만 이 모든 과정에서 최선을 다해 자신의 실력과 능력을 최대한 발휘한 자만이 '실패의 경험'을 얻거나 자신의 실력을 검증받아 좋은 회사에 경력직으로 들어갈 수 있다는 점을 명심하자.

지금 다니는 회사에서 자신의 위치를 확보하면서 부업으로 느긋하게 시작한다면 적어도 생활비 걱정은 하지 않아도 된다. 그런 식으로 느긋하고 즐겁게 하는 편이 실패하지 않을 것이고, 설령 실패해도 최소한의 손해를 보는 데에 그칠 것이다.

갑자기 회사를 그만두고 가족과 길거리에 나앉는 일이 없도록 우선은 작은 곳에서 부업을 해보는 정도로 해두자.

040

패션 업계에서 성공하려면 해외에 살아야 한다

인시아드(프랑스 외)

· ·

독창성이나 창조성은 새로운 자극을 받아 생겨난다고 알려져 있다. 독창성에는 아무래도 끊임없이 새로운 자극을 받지 않고서는 생겨나기 어려운 성질이 있는 모양이다.

말도, 문화도, 풍습도 자국과 완전히 다른 나라에 살면 생활 속에서 끊이지 않고 독창성과 창조성이 자극을 받는다. 그래서일까, 패션 업계에서 성공한 사람들은 대부분 해외에서 생활하고 있다.

인시아드(INSEAD)의 프레데릭 고다르는 패션 업계 21시즌(11년분)의 컬렉션에 대한 바이어와 패션평론가의 의견을 알아봤다.

그 결과 바이어와 패션평론가로부터 '가장 창조적'이라고 평가받은 패션을 내놓은 패셔니스트는 해외 경험이 가장 풍부한 디렉터가 소속한 브랜드의 컬렉션으로 나타났다. 높은 평가를 받은 것

또한 2개국 또는 3개국에서 일한 경험이 있는 디렉터의 컬렉션으로 나타났다.

여러 곳에서 살수록 새로운 콘셉트가 창출된다는 사실을 알 수 있다. 게다가 해외에서 지낸 기간도 중요하다. 해외에 살았다고 해도 한두 달로는 부족하다.

고다르가 조사한 바로는 '독창성이 가장 높다'고 평가받은 것은 35년 동안 해외에서 근무했다는 디렉터의 컬렉션이었다.

다만 고다르는 해외에 산다고 해도 지리적으로 가까운 나라로 이주하면 별로 효과가 없다는 사실도 밝혀냈다. 예를 들어 미국인이 캐나다에 산다거나, 호주 사람이 뉴질랜드에 살면 독창성이 별로 자극을 받지 않는 듯하다.

해외에서 패션 경험을 할 만한 형편이 안 된다면 자신이 하고자 하는 패션 경향이 가장 잘 반영된 옷을 즐겨 입는 소비자 집단이나 그 지역을 찾아 끊임없이 아이템 공부를 하는 것도 훌륭한 패션 콘셉트 경험 쌓기가 될 수 있을 것이다. 가령 젊은 세대의 힙한 패션에 관심이 많다면 MZ세대가 자주 다니는 힙한 거리라든가 라이브 공연장에서 젊은이들의 옷차림을 관찰하고 공부하는 것이다. 또는 이국적인 느낌의 하와이안 패션에 관심이 많다면 한여름 해변이나 관광지에서 비치웨어나 간편한 여름패션을 입고 온 관광객들을 유심히 살펴보고 그해의 패션 트렌드를 관찰해 자신의 패션 콘셉트 구축에 참고해도 좋을 것이다. 그만큼 패션 콘셉트 경험 쌓기에서 중요한 마인드는 자신이 추구하고 싶은 패션 아이템을 유사한 사람들의 패션이나 현지에서 실전 가능한 것들로 소화할 수 있는 패션 마인드를 장착하는 것이다.

패션 업계에서 일하고 싶거나 성공하고 싶다면 가능한 한 젊을 때부터 외국, 그중에서도 일본과 지리적으로 아주 멀리 떨어진 곳에서 사는 편이 좋다. 다양한 자극을 받음으로써 계속해서 새로운 콘셉트가 솟아오를 수도 있다.

041

훌륭한 가게여서 재방문하지 않는 심리

펜실베이니아 대학교 와튼스쿨(미국)

• •

우리는 훌륭한 경험을 하면 같은 일을 다시 하고 싶어진다. 즐거운 일, 유쾌한 일, 재미있다고 느낀 장소에는 다시 한 번 가보고 싶어지는 법이다.

디즈니랜드를 방문하는 고객은 대부분 재방문한 고객이라고 한다. 즐거운 곳에는 몇 번이고 가고 싶다는 점을 생각하면 이는 당연한 이야기이다.

그런데 항상 그런가 하면 '그렇지 않은 경우도 있다'고 지적한 심리학자가 있다. 바로 펜실베이니아 대학교 와튼스쿨의 갤 자우버먼이다. 자우버먼은 사람들이 특별한 경험을 하면 그 추억을 망치지 않도록 할 것으로 생각했다.

예를 들어 자신이 정말 좋아하는 사람과 데이트를 했다고 하자.

자우버먼은 그러면 그 데이트 장소에 다른 사람과는 가고 싶지 않으리라 생각했다. 소중한 추억을 그대로 간직하고 새로운 추억으로 덮어쓰게 되지 않도록 말이다.

실제로 자우버먼이 조사해보자 특별한 사람과의 추억을 망치기 싫어서 다른 사람과는 그곳에 가지 않는 경우가 제법 있는 것으로 나타났다. '그런 것은 신경 쓰지 않는다'는 사람은 겨우 2.1%뿐이었고, 많은 사람은 특별한 추억이 있는 장소에 다른 사람과 가지 않게 되었다.

이것이 인간의 불가사의한 점인데, 멋진 장소에 고객이 반드시 재방문하는가 하면 그렇지 않고 오히려 '특별한 장소이니 되도록 가지 말자'고 생각하기도 한다.

같은 경험을 몇 번이나 거듭하면 감동이 희미해질 수도 있다. 나는 오키나와를 매우 좋아하지만, 매우 좋아하기에 역설적이게도 '가능한 한 가지 않으려고' 한다. 너무 자주 가면 감동이 희미해지는 듯하기 때문이다.

굉장히 좋은 가게를 만든다고 해도 가게가 너무 멋지면 고객에게 '특별한 장소'가 되고, 그렇게 선뜻 찾아오지 않게 될 수도 있다. 가게 주인으로서 상당히 고민되는 점이다.

042

젊었을 때 불량하던 사람일수록 사업을 잘한다

예나 프리드리히실러 대학교(독일)

· ·

독일 예나 프리드리히실러 대학교의 마르틴 옵스촌카는 사춘기에 불량했던 사람(학교 규칙 어기기, 담배 피우기, 술 마시기)일수록 창업가에 적합하지 않을까 하는 엉뚱한 가설을 세웠다.

왜 사회 규범에서 벗어난 행동을 취하는 불량아일수록 사업이 잘될까.

그 이유는 새로운 비즈니스를 하고자 할 때는 아무래도 기존의 규칙이나 가치관을 무시해야 하기 때문이다.

'지금까지처럼' 방식을 답습하려고 하면 사업은 성공하지 못한다. 기존의 규칙을 부수고 돌파하기에 사업은 성공하는 것이다. 옵스촌카는 따라서 젊을 때부터 '규칙 깨기'에 익숙한 불량아가 사업가에 더 적합하다고 지적했다.

확실히 규칙에 얽매여 있으면 아무것도 새로운 것을 할 수 없다.

필요하다면 아무렇지도 않게 규칙을 무시할 수 있는 사람이 사업은 잘되는 법이다.

예전 일본 사업가 중에는 아슬아슬하게(가끔은 완벽한 법률 위반) 법률에 걸리지 않는 일을 하던 사람이 널려 있었다.

현대 문명의 한 획을 그었던 위대한 경영인들의 학창 시절은 그다지 모범적이지 않았다는 것이 경영계의 정설이다. 애플사를 창립하고 아이패드를 만들었던 스티브 잡스도, 미국 유통시장을 장악한 제프 베이조스도 학창 시절엔 소문난 말썽꾸러기였거나 아무도 못 말리는 히피추종자였다. 다만 이들이 전 세계를 선도하는 아이패드나 아마존 같은 획기적인 상품과 유통체인을 만들 수 있었던 것은 '이런 것들을 쓰면 좀 더 편리하지 않겠나?' 하는 자신만의 독특한 경영관이 어릴 때부터 자리 잡고 있었기 때문이다.

문제는 이런 독창적이고 독보적인 아이디어나 발명은 평범한 사고나 모범적인 생각으로는 잘 포착할 수가 없다는 데 있다. 이들이 때로는 또래 집단을 놀라게 하고, 발칙할 정도로 기존 질서를 파괴하고자 하는 특별한 발상들은 결국 자기만의 세계가 너무 뚜렷한 사람이 겪게 되는 세상과의 불화라고밖에 말할 수 없을지도 모른다.

한 끗 차이로 완전한 사기가 될 수 있는데 그런 일을 아무렇지 않은 얼굴로 할 수 없다면 아무래도 비즈니스는 어려울 수도 있다.

옵스촌카는 젊었을 때 불량하던 사람일수록 창업가에게 적합하다는 사실을 데이터로 밝혀냈는데, 다만 이는 남성에게만 해당했다. 여성은 남성만큼 규칙을 무시하지 않고 비교적 보수적인 방식을 따르는 편이 좋을 수도 있다.

마지막으로 혹시나 오해가 없도록 말해 두자면 특별히 법률 위반이나 사기 행위를 권장하려는 것이 아니다. '그럴 정도의 각오'가 없으면 어렵다는 이야기를 했을 뿐이니 오해하지 않기를 바란다.

043

경영자의 80%에게는
성공을 의심하지 않는 위험이 있다

퍼듀 대학교(미국)

● ○

사업주 대부분은 자신이 하는 사업이 절대 성공할 것이라 믿어 의심치 않는다. 극히 낙관적이라고 해야 할까. 너무 현실을 직시하지 않는 듯하다.

'말이 지나치다'고 반박하고 싶은 독자도 있겠지만 결코 과언이 아니다. 이에 관한 확실한 데이터가 있다.

미국 퍼듀 대학교의 아널드 쿠퍼는 최근 사업주가 된 2,994명을 대상으로 "당신의 사업이 성공할 가능성은 얼마나 되나요?"라고 질문했다.

쿠퍼는 몇 가지 선택지를 준비했는데, 실제로 81%는 '10 중에서 7 이상은 잘될 것이다'를 선택했다. 80% 이상이 상당히 높은 확률로 성공할 것으로 보고 있으니, 너무 낙관적이라고 해도 과언이 아니다.

게다가 놀랍게도 그중 33%는 '10 중 10이 잘된다'고 대답했다. '10 중 10이 잘된다'는 말은 100% 성공할 것으로 믿어 의심치 않는다는 의미이다. 그런 사람이 30% 이상이나 있었다는 사실은 놀랍다기보다 아주 어이가 없다.

나중에 '너무 낙관적인 창업가는 사업에 성공하지 못한다'는 데이터를 소개할 텐데, 아무래도 경영자는 너무 낙관적이어서 실패를 자초하는 듯하다.

비즈니스가 그렇게 쉽게 성공할 리 없다.

역설적이게도 사업주의 대부분이 이런 성공 낙관주의의 신화에 푹 빠져 있는 경영계이다 보니 오히려 조금이라도 사업의 리스크나 안전관리에 신경 쓰는 사업주는 여느 사업주보다 훨씬 성공할 확률이 높다. 그래서 최근 경영계에는 무에서 유를 창조한 창업한 사업주보다 2세 3세 사업주 중에 섬세하고 꼼꼼하게 안전 리스크를 살피는 사업주가 창업주보다 훨씬 크게 사업을 번성시키는 것을 볼 수 있다.

이는 어떤 사업이든 마찬가지다. 생각지도 못한 일이 꼬리에 꼬리를 물고 일어나기도 하고 예측이 틀리는 일 따위는 다반사다. 그래서 사실은 일을 너무 낙관적으로 생각하지 않는 편이 좋다.

만약 여러분이 앞으로 사업을 시작하고자 한다면 '떡 줄 사람은 생각지도 않는데 김칫국부터 마시는 일'만은 하지 말자. 그렇게 잘될 리가 없다고 생각하는 편이 실망하지 않고 끝난다.

044

대기업일수록 '성공 패러독스'에 빠지기 쉽다

런던 비즈니스스쿨(영국)

● ○

　런던 비즈니스스쿨의 피노 오디아는 현재 사업이 잘되는 기업일수록 머지않아 잘 안 될 수도 있다고 경종을 울렸다. 오디아는 이 현상을 '성공 패러독스'라고 부른다.

　성공한 기업은 성공을 거둔 만큼 변화하려는 마음이 생기지 않는다. 이미 성공했기 때문이다. '어딘가를 다시 살펴보자'라든가 '새로운 것을 하자'는 생각이 들지 않는다. 그럴 필요성을 느끼지 못하니 말이다.

　그러다가 결국 상황이 달라지면 성공한 기업일수록 변화에 대응하지 못한다는 안타까운 결과를 초래한다. 환경 변화에 적응하지 못한 공룡처럼 멸망할 위험성이 있는 것이다. 이것이 바로 '성공 패러독스'이다.

생각 하나 바꿨을 뿐인데

오디아는 미국 항공업계 23개 업체의 1978년에 이루어진 규제 완화 전후 각 5년간의 실적을 살펴봤다.

그랬더니 규제 완화 전에 성공한 기업일수록 규제 완화 이후에도 같은 경영 전략을 고집하다가 변화에 실패하고 매출액 대비 매출액수익률(ROS)이 크게 떨어진다는 사실을 밝혀냈다. 잘나가는 기업이어서 변화에 능동적으로 대응할 수 없었던 것이다.

이와 같은 일은 트럭 업계에서도 관찰되었다. 미국 트럭 업계에서도 1980년에 대대적인 규제 완화가 이루어졌는데, 그 전후 5년간의 125개 회사의 데이터를 분석해보자 역시 성공한 기업일수록 매출액수익률(ROS)이 크게 떨어졌다.

"우리는 업계를 이끄는 회사니까."

"우리는 업계 시장 점유율이 최고니까."

그런 식으로 고압적인 태도를 보이다가는 머지않아 상황이 바뀌었을 때 잘 대응할 수 없으니 주의하자.

회사는 커질수록 변화에 대응하기 어려워진다. 이른바 '대기업병'이라는 것이다. 마치 몸집이 큰 공룡과 같다. 대기업은 어느 날 상황이 확 바뀌면 더는 어쩔 도리가 없다. 언덕길을 굴러 떨어지듯이 실적이 악화할 뿐이다.

그래서 미래를 잘 준비하는 회사들은 이러한 대기업병에 물든 장기 직원이나 임원들을 가급적 빨리 퇴직시키고 새롭고 유능한 직원을 뽑는 데 주저하지 않는다. 이러한 일종의 새 물결 운동을 통해 회사의 고질적인 고인 마인드를 없애고 신선한 피를 주입하고자 하는 것이다. 여기에 새 인물을 통해 기존 직원들에게도 하루가 다르게 급변하는 기업 환경에 능동적으로 적응하고 지금까지의 성장신화는 잊어버리라고 무언(無言)으로 압박하는 효과도 있는 것이다. 무엇보다 경제 생태계는 변화에 능동적으로 적응하는 기업은 살아남고, 고인 물에서 헤어나지 못하는 기업은 도태되고 만다는 것을 뼈저린 교훈을 통해 생생하게 보여주고 있다.

따라서 급변하는 경제 생태계에서 생존하는 회사로 남기 위해서는 언제든지 상황 변화에 대응할 수 있도록 회사를 슬림화하거나 여러 회사로 나누는 등 개방적인 조직으로 만들어두는 일이 중요하다.

당신의 인생을 바꿔줄
부와 성공을 만드는 행동 심리학

THINK

표현할 수 없는 것을 표현하게 하는 성공법칙

Part 4

'조직과 팀'을 강화하는
심리 법칙

045

계층이 존재하면 팀은 제대로 작동하지 않는다

하버드 대학교(미국)

· · ·

'계층'(영어로는 하이어라키(hierarchy))과 같은 서열이 있으면 팀이나 그룹이 잘 기능하지 않게 된다. 서열에서 위치가 낮은 사람은 윗사람의 눈치를 봐야 하고, 하고 싶은 말도 할 수 없기 때문이다.

하버드 대학교의 인그리드 넴버드는 중환자실(ICU)에서 일하는 23개 팀에 대해 분석해봤다.

중환자실에서의 일은 의사 혼자 힘으로 해낼 수 없다. 간호사, 마취과 의사, 호흡기 치료사 등 여러 사람의 힘을 모아 팀으로 움직여야 한다. 하지만 사실 의학 업계는 의사를 정점으로 하여 계층 구조가 확실히 나누어져 있고, 아랫사람은 하고 싶은 말을 좀처럼 하지 못하는 분위기이다.

넴버드가 조사한 결과 역시 팀 대부분에 계층구조가 존재하여 솔직하게 의견을 교환할 수 없고, 팀이 제 기능을 하지 못하는 것으로 나타났다. 잘 기능하는 팀도 몇 팀 있었는데, 그런 팀에서는 가능한 한 계층을 없애고 '할 말은 해도 된다'는 심리적 보장이 존재했다. 그리고 모든 팀원이 '환자를 살린다'는 공통 목표를 향해 한마음으로 일했다.

업종이나 분야에 따라 다 다르겠지만, 팀워크가 중요하게 작용할 수밖에 없는 전문 분야에서는 업무를 보는 동안에는 특별히 '계층구조'나 '권위자' 위주로 일하지 않고 구성원 각자의 맡은 임무에 따라 평등하게 맡은 역할을 할 수밖에 없다. 긴급한 상황에서 움직여야 하는 소방관련 업무나 재해 업무, 팀워크로 움직여 전문적인 정보를 다루는 정보처리 업무, 전문지식이나 학술적 가치를 다루는 과학 분야나 인문 · 예술 분야에 종사하는 연구자들이 주로 각자의 맡은 바 업무를 소화하며 팀워크로 나름대로의 성과를 내는 사람들이다.

무엇보다 소기의 목적을 달성하기 위해 팀을 구성할 때는 가능한 한 팀원이 동등한 입장이 되도록 해야 한다. 서열이니 지위 차이니 하는 것이 존재하면 팀은 제대로 기능하지 못한다.

솔직히 리더십도 필요 없다.

강력한 리더가 한 명 있는 편이 왠지 좋을 것 같지만 사실 그렇지 않다. 실제로는 강력한 리더십은 팀의 힘을 약하게 만들 뿐이다. 이 점에 관해서는 다음 항목에서 다시 자세하게 다루어 보겠다.

046

'리더십'은 필요 없다!?

서던 캘리포니아 대학교(미국)

• •

독자 여러분은 팀이나 조직이 잘 기능하려면 왠지 톱다운 방식으로 지휘 계통을 확실히 구분 짓고 리더가 있는 편이 좋을 것 같은가?

만약 그렇게 생각한다면 완전히 오해한 것이다.

실제로는 반대로 강력한 리더는 오히려 해로운 존재이다.

이는 내 개인적인 의견이 아니라, 서던 캘리포니아 대학교의 워런 베니스라는 리더십 연구의 제일인자가 지적한 바이다.

베니스에 따르면 스탈린, 히틀러, 나폴레옹, 마오쩌둥 등 강력한 리더가 하는 일은 대체로 잘되지 않는다. 일시적으로는 잘되는 것처럼 보여도 결국엔 실패로 끝난다. 리더십 따위는 사실 조직에 없는 편이 좋다.

생각하나
바꿨을
뿐인데

베니스는 바람직한 리더란 부하를 존중하고 부하직원과의 신뢰를 유지하면서 친밀한 협력관계를 형성할 수 있는 존재라고 한다. 그런 사람이 있어야 조직이 잘 기능해 나간다.

앞서 '계층이 존재하면 팀의 힘을 약하게 만든다'는 이야기를 했는데, 강력한 리더가 한 명 존재하면 팀원은 제 실력을 발휘할 수 없게 된다.

서점에 가면 비즈니스 코너에 '리더십'에 관한 책이 산더미처럼 쌓여 있다. 그만큼 '리더십을 키우고 싶어!' 하는 사람이 많다는 말이다.

하지만 사실 리더십을 단련할 필요는 없다. 상대방의 위에 서서 사람을 깔보면 심리적으로는 기분 좋을 수도 있지만 그런 짓을 하면 팀이나 조직이 이상해지니 말이다.

자본주의 사회에서 '이윤'이라는 가치가 너무 높게 평가되다 보니 소위 '잘나가는 조직'을 '수익'만을 놓고 평가하는 사회적 잣대 때문에 그렇지 '수익' 외의 중요한 가치인 '사회 기여도'나 '공동체 이익', '조직원들의 만족감'까지 다 감안해서 평가해보면 의외로 주식회사보다는 사회적 기업이나 협동조합 형태의 사회 기업형태가 더 가치 있고 구성원의 만족도가 높은 것으로 평가되고 있음은 주지의 사실이다. 이런 형태의 기업들이 가장 중요하게 평가하는 가치는 몇몇 개인의 권위적인 리더십보다는 구성원 개개인의 만족도나 평등한 지위, 사회에 대한 기여도 등이다. 그리고 이런 가치들은 특별히 몇 사람의 리더십보다는 의사 결정 과정에서의 민주적 절차, 구성원의 조직 참여도 같은 전혀 새로운 가치들로 조직의 성과나 가치 등을 평가하고 있다.

기본적으로는 서로 동등한 위치에서 서로의 의견과 생각을 존중하며 가능한 한 원만한 인간관계를 구축하도록 하는 편이 무슨 일이든 잘되는 것 같다.

047

중간급보다 신인에게
새로운 프로젝트 리더를 맡겨라

워싱턴 대학교(미국)

● ●

만약 내가 회사 오너이고 새로운 프로젝트나 기획을 추진하고 자 한다면 중간급 사람에게 맡기지 않을 것이다. 기획안부터 실행까지 전부 신인에게 시킬 것이다. 중간급 사람들은 그렇게 재미있는 아이디어를 낼 수 없기 때문이다.

워싱턴 대학교의 미셸 듀기드에 따르면 중간급 사람들은 위에서 내릴 평가가 두려워 참신한 아이디어를 내지 못한다고 한다. 만약 이상한 짓을 하면 감봉되거나 강등될 수 있기 때문이다. 듀기드는 중간급은 지금의 지위를 잃는 것이 두려워 독창적인 아이디어를 낼 수 없게 되었다고 지적했다.

그런 점에서 지위가 낮은 사람은 잃을 것이 아무것도 없다. 원래 지위가 가장 아래에 있어서 그보다 더 낮아질 곳이 없다. 월급도 최저임금 정도밖에 못 받아서 그 이상 감봉할 것도 없다.

'잃을 것이 아무것도 없다'는 점이 아랫사람이 가진 강점이다. 그래서 아랫사람일수록 재미있는 아이디어를 낼 수 있다고 한다.

지금 회사의 중추적 위치에 오른 중견간부도 시작부터 그렇게 중요한 프로젝트를 맡았던 사람은 아니었다. 그렇지만 회사의 주요 인물이 된 사람의 조직생활 변곡점에는 거의 예외 없이 지금의 회사를 성장시킨 중요 프로젝트를 맡았던 경험이 있는 경우가 많다. 그리고 그들이 처음 프로젝트를 맡았거나 제안했을 때의 연차도 많아야 5년도 안 된 경우가 대부분이다.

여기까지 생각이 미치면 아무래도 변화에 능동적이고 업계의 트렌드를 선도하는 기업이나 콘텐츠 기업일수록 2년 내지 3년차 직원에게 새로운 프로젝트 책임을 맡기는 경우가 많다. 그중에서도 늘 새로운 경향에 민감할 수밖에 없는 출판 분야나 연예프로덕션 분야, 광고나 트렌드 콘텐츠 산업 분야의 기업에서는 가급적 새로운 가능성과 유행으로 무장한 신입급 직원들의 뜨거운 피에 기대를 걸고 주요한 프로젝트를 맡기는 경우가 많이 있다.

대부분의 기업은 어떤 프로젝트를 시작할 때 중간급 사람을 프로젝트 리더로 앉히려고 하는데, 별로 좋은 방법이 아니다. 사실은 아랫사람을 위에 앉혀놓고 자유롭게 해보도록 밀어줘야 한다. 중간급은 그 밑에 붙어서 지원하도록 하는 편이 좋다.

물론 중간급을 절대 기용하면 안 된다는 말은 아니다.

중간급 중에서도 감봉이나 강등 등을 조금도 두려워하지 않는 사람이 있고, 그런 사람이라면 굉장히 참신한 아이디어를 낼 수도 있다. 다만 그런 사람이 꽤 적을 것이다.

중간급은 대부분 지금의 지위나 신분을 잃고 싶지 않아서 상당히 보수적인 생각밖에 할 수 없다. 이는 중간급이라는 지위가 원래 그런 것이기 때문이지 본인 탓은 아니다.

중간급은 명령과 지시를 강요하는 윗사람과 여러 가지로 요구 사항과 제안을 던져 오는 아랫사람 둘 사이에 끼여 꼼짝도 못 하고 참으로 고통스러운 상태이다. 그런 상황을 생각하면 도저히 중간급이 나쁘다고는 말할 수 없다.

048

결과를 내는 리더는 팀원의 이런 점을 본다

펜실베이니아 대학교(미국)

· ·

남들 위에 서면 언제든지 적극적으로 리더십을 발휘하는 게 좋은가 묻는다면 그렇지 않다. '리더십을 발휘하지 않는' 편이 더 잘되는 경우도 얼마든지 있다.

점장, 반장, 공장장, 프로젝트 리더 등 위에 서는 사람이 리더십을 발휘하지 않는다면 오히려 팀원이 잘 기능할 수도 있다.

펜실베이니아 대학교의 애덤 그랜트는 미국 내에 전국적으로 운영 중인 피자 배달 체인 57개 매장의 리더와 종업원에 관해 연구했다.

그랜트는 먼저 리더가 얼마나 적극적인지 또는 소극적인지 알아봤다. 동시에 주별 매장 이익률, 고객이 한 건당 주문하는 가격 등의 데이터와 대조해봤다.

그러자 종업원이 수동적이고 소극적인 매장에서는 점장이 적극적으로 행동하는 편이 이익률이 높다는 결과를 얻을 수 있었다. 모두가 별로 의욕이 없는 매장에서는 위에 선 사람이 적극적으로 지시를 내리고 리더십을 발휘하는 편이 좋다고 할 수 있다.

그런데 모든 종업원이 의욕이 있는 매장에서는 반대인 결과가 나왔다. 이런 매장에서는 오히려 리더가 수동적이고 나서지 않는 편이 이익률이 높았다.

결국 리더십을 발휘하는 편이 좋은지 아닌지는 구성원이 얼마나 의욕적인가에 달려 있다고 할 수 있다. 모두가 의욕적일 때는 리더십을 별로 발휘하지 않는 편이 좋다. 다른 팀원이 별로 의욕이 없을 때만 리더로서 모두를 이끌면 된다.

사실 직장이나 매장의 입장에서 가장 좋은 리더의 조건은 회사가 무리 없이 잘 돌아가고 매장이 일사분란하게 톱니바퀴처럼 움직이게끔 보이지 않는 데서 리더의 능력을 발휘하는 사람일 것이다. 이런 사람들은 성향상 자신이 직접 앞서서 팀원을 이끌고 가는 사람도 있고, 보이지 않는 곳에서 팀원들을 밀어주는 사람일 수도 있다. 문제는 리더의 리더십은 꼭 필요할 때만 발휘돼야 조직이나 담당부서에서 훨씬 높은 생산성을 발휘할 수 있다는 데 있다. 따라서 어떤 상황에서는 리더십을 발휘하지 않는 게 훌륭한 리더십이 될 수도 있는 것이다.

진정한 리더십이 있는 사람은 상황에 따라 카멜레온처럼 자신의 태도와 행동을 바꿀 수 있는 사람일 것이다.

'모두 굉장히 의욕적이고 노력하고 있구나' 싶다면 리더십을 발휘하지 않아도 된다. 리더십을 발휘하면 오히려 역효과가 나니 이럴 때는 얌전히 있는 게 좋다. 이런 판단을 할 수 있는 사람일수록 진정한 리더라고 할 수 있지 않을까.

049

너무 많은 의견을 들으면
올바른 판단을 할 수 없다

괴팅겐 대학교(독일)

● ● ●

기본적으로 여러 사람에게 의견을 듣는 일은 중요하다.

그러나 다른 사람의 의견을 들으면 아무래도 그 의견에 현혹되어 올바른 선택을 할 수 없는 것도 사실이다. 다른 사람의 의견을 들었다가 괜한 결정을 해서 크게 실패할 수도 있으니 주의해야 한다.

독일 괴팅겐 대학교의 안드레아스 모이치슈는 4인 1조로 그룹을 만들고, 항공사 인사담당자로서 후보자 네 명 중에서 고용할 사람을 한 명 고르도록 지시했다.

A 씨, B 씨, C 씨, D 씨 이렇게 후보자 네 명의 이력서를 준비했는데, 자세히 읽어보면 C 씨가 가장 좋다는 사실을 비교적 쉽게 알 수 있도록 했다. C 씨에게는 좋은 점이 여섯 가지, 나쁜 점이 세 가

지 있고, 나머지 A 씨, B 씨, D 씨에게는 좋은 점이 네 가지, 나쁜 점이 다섯 가지가 있다고 설정했다.

자신의 판단으로 누군가 한 명을 고를 때 C 씨를 뽑는 사람은 61%였다. 대부분의 사람은 틀리지 않고 올바른 결정을 내릴 수 있었다.

그런데 자기 이외의 다른 조원(사실은 '바람잡이'였다) 중 두 명이 A 씨가 좋다고 하고 나머지 한 명은 "나는 D 씨가 좋아."라고 의견을 말하자 C 씨를 뽑는 사람의 비율은 28%로 뚝 떨어졌다.

이 실험으로, 혼자서 정하면 옳은 결정을 내릴 수 있지만 다른 사람의 의견을 들으면 오히려 잘못된 선택을 하게 된다는 사실을 알 수 있다.

'사공이 많으면 배가 산으로 간다'라는 속담도 있듯이, 많은 사람에게 의견을 구하면 이상한 방향으로 흘러가기도 한다.

언제 어떤 때라도 다른 사람에게 의견을 구하는 것은 진중하게 생각해 봐야 할 일이다. 충분히 생각해서 정답을 끌어낼 수 있을 때는 다른 사람에게 의견을 구하지 않고 자기 혼자서 판단하는 편이 이상한 데로 일이 흘러가지 않을 수도 있다.

050

조명만 바꾸어도 더욱 의욕이 난다

토론토 대학교(캐나다)

• •

에너지를 절약하는 것도 좋지만 개인적으로는 그다지 권하고 싶지 않다. 사무실 형광등을 몇 개 뽑아 사무실이 어두워지면 사원도 기분이 우울해지기 때문이다. 에너지 절약으로 비용을 삭감할 수는 있어도 사원의 의욕까지 줄어들면 본전도 못 건질 것이다.

우리의 심리 상태는 방의 밝기에도 영향을 받는다.

밝은 장소에 있으면 기분이 들뜨지만, 어둑어둑한 분위기에서는 아무래도 기분도 가라앉는다.

캐나다 토론토 대학교의 핑 동은 천장 조명을 열아홉 개 달아 밝은 방과 방 크기는 같아도 천장 조명이 네 개밖에 없는 어두컴컴한 방을 준비하고, 각각의 방에서 대학생들에게 자신이 원하는 회

사에 취업할 수 있을지 물어봤다. 그러자 다음 그래프와 같은 결과
가 나왔다.

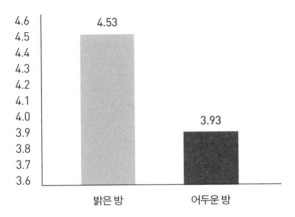

* 수치는 9점 만점. 9점에 가까울수록 '전망이 좋다'고 답했음을 나타낸다.
(출처 : Dong, P., et al., 2015)

밝은 방에서는 '내가 원하는 데에 취업할 수 있어!'라고 느끼지
만, 어두운 방에서는 '아마 나는 안 될 거야'라고 절망을 느끼기 쉽
다는 사실을 알 수 있다.

물론 상황에 따라 대단한 집중이 요구되는 업무 분야이거나 어
느 정도 음영이 있어야 업무 효과가 발휘되는 직장이나 사업체라
면 기능이나 역할에 맞는 적당한 조도로 공간을 연출해야 할 경우
도 있다.

사무실은 가능한 한 밝게 해야 한다. 요즘 형광등은 상당히 오래

가니 이런 데서 비용을 삭감해도 별수 없을 것 같은데, 어떻게 생각하는가? 그래도 역시 에너지 절약을 하는 편이 좋을까?

051

'깨진 유리창 이론'을 활용하여
직장 환경을 개선하라

퀸즐랜드 공과대학교(호주)

● ●

　누구나 휴지통에 쓰레기가 넘치거나 공용 공간에 마시던 주스가 그대로 놓여 있는 사무실에서 일하기 싫을 것이다. 가능한 한 청결한 사무실을 유지해야 직원의 일 능률도 오르는 법이다.

　그럼 사무실을 청결하게 유지하려면 어떻게 해야 할까? 쓰레기 하나조차 떨어져 있지 않도록 할 수밖에 없다. 떨어진 쓰레기가 하나라도 보이면 바로 정리한다.

　'어차피 더러워질 텐데 나중에 한꺼번에 하면 되지.'

　'귀찮으니까 쉬는 시간에 하면 되지.'

　그렇게 생각해서는 안 된다. 누구나 쓰레기를 발견하면 바로 치우고 청소를 한다. 사원들이 이를 철저하게 지키도록 한다. 예외를 두어서는 안 된다. 누구나 발견한 사람이 바로 치우게 시킨다.

'깨진 유리창 이론'이라는 유명한 이론이 있다. 길거리에 아주 조금의 쓰레기라도 그대로 내버려 두면 순식간에 쓰레기가 넘쳐날 뿐만 아니라, 공공물을 파손하거나 벽에 장난을 치게 된다는 이론이다.

쓰레기는 바로 치우지 않으면 점점 더러워지고 만다.

호주 퀸즐랜드 공과대학교의 주앙 라모스는 대학 시설 내에 있는 두 공용 공간에서 이를 실험으로 검증해 보았다.

한 장소에는 일부러 쓰레기통 옆에 스틱 설탕 부스러기를 떨어뜨리고 테이블 위에는 사용한 종이컵과 잡지를 놓아두었다. 다른 한 장소는 깨끗하게 해두었다.

그러자 더러운 곳에 온 사람은 59%가 쓰레기를 버리고 떠났다. 깨끗한 곳에서는 쓰레기를 남기고 간 사람이 18%밖에 안 되었으니, 역시 깨진 유리창 이론이 옳다고 할 수 있다.

쓰레기가 하나라도 버려져 있으면 '누군가가 쓰레기를 버렸으니 나도 똑같이 해도 상관없지 않을까' 하는 기분이 든다. 이처럼 차례차례로 쓰레기가 늘어나 수습할 수 없는 지경에 이르고 만다.

화장실도 마찬가지다. 누군가가 아주 조금이라도 더럽힌 채로 떠나면 다음에 사용하는 사람은 더 더럽히고, 그다음 사람은 더욱 더럽힌다. 그렇게 되지 않으려면 여하튼 조금이라도 더러움을 발견하면 청소하는 수밖에 없다.

'깨진 유리창 이론'은 가게 진열장이나 상품 판매 현장, 가전제품 판매장 등에서 바로 활용되고 있다. 가령 동네 슈퍼마켓이나 대형 식품매장 같은 경우에 고객들이 많이 찾아 물건이 금방 판매되는 매대는 바로바로 물건을 진열해 놔 고객들이 빨리 사갈 수 있도록 한다거나, 가전제품 중에서 고객에게 잘 팔리는 제품 위주로 고객의 시선이 잘 가는 곳에 진열해 바로 그 물건을 찾을 수 있도록 하는 것들이 다 '깨진 유리창 이론'을 현장에 적용한 사례라고 할 수 있다. 이런 고객 심리를 가장 잘 활용하는 곳은 서민들이 가장 많이 찾는 시장에서 야채나 식료품 가게, 생선 가게 등에서 바로바로 물건을 손님 눈에 보이도록 계속 채워놓는 상행위라고 할 수 있다.

'그런 건 내 일이 아니야'라고 생각해서는 안 된다. 디즈니 리조트 직원들은 누구나 쓰레기가 떨어져 있으면 줍도록 교육받는다고 하는데, 다른 회사에서도 이를 본받아야 한다.

052

조직의 부정을 바로잡을 수 없는 심리

조지타운 대학교(미국)

• •

자신이 근무하는 회사가 어떤 비리를 저지르는 것을 알게 되었다면 독자 여러분은 그 비리를 멈추라고 당당하게 주장할 수 있을까?

아마 할 수 없을 것이다.

다만 부정을 바로잡도록 말할 수 없다고 해서 여러분에게 용기가 없는 것은 아니다. 도덕의식이 없는 것도 아니다. 아무도 그런 말을 할 수 없다.

조지타운 대학교의 마르시아 미셀리는 1만 3,000명에게 "조직이 부정, 부도덕, 법률 위반을 자행하고 있으면 그만하라고 말할 수 있나요?"라고 질문했다. 물론 솔직한 대답을 얻기 위해 익명으로 조사했다.

그 결과 대부분의 사람이 '말할 수 없다'고 대답했다. 그도 그럴 것이다. 그런 짓을 하면 조직에서 쫓겨날 것이 뻔하니 말이다.

게다가 자기 혼자 목소리를 높여도 어차피 조직은 변하지 않는 다는 이유도 있다. 실제로 미셸리가 조사한 결과 '자신이 발언하여 부정이 바로잡혔다'고 답한 것은 고작 31%에 불과했다. '말해도 소용없는' 경우가 압도적으로 더 많다. 게다가 나쁜 짓의 수준이 아주 가벼울 때만 주의해서 개선되었다.

사원이 회사의 비품(볼펜이나 복사지)을 개인적으로 사용한다든 가, 회사 전화로 개인적인 통화를 한다든가, 기껏해야 그런 수준일 때는 주의하면 그만둘지도 모르지만 더 큰 비리는 좀처럼 바꿀 수 없다.

왠지 한심한 이야기를 하고 말았는데 이것이 현실이다. 용기를 가지고 부정을 바로잡으려고 해도 조직은 좀처럼 바로잡을 수 없게 되어 있다.

예전에 유제품을 판매하던 유키지루시식품의 비리를 내부 고발한 창고 회사가 폐쇄에 내몰렸다. 사건 후에 타사로부터의 발주가 격감하여 경영을 유지할 수 없었기 때문이다. 창고 회사 사장의 용기 있는 고발은 훌륭하다고는 생각하지만, 유감스럽게도 일본 사회는 그러한 고발자를 용서하지 않는다.

내부 고발은 조직에 '배신행위'로 비친다. 부정을 바로잡기가 매우 어렵다는 사실을 알 수 있다.

053

준법 교육은 과연 효과적인가

글래스고 대학교(스코틀랜드)

• •

도덕이나 윤리에 어긋나는 행위에는 목소리를 높여야 한다. 그것이 이상적이다. 하지만 앞서 현실에서는 그렇게 하기 상당히 어렵다고 이야기했다.

게다가 도덕이나 윤리 같은 것은 아무리 교육을 받아도 별로 향상되지 않는다는 안타까운 사실도 덧붙여야 한다.

의대생은 커리큘럼에 따라 의사로서의 윤리를 제대로 배운다. 의사가 되려면 다른 직종의 사람 이상으로 견고한 윤리관을 가져야 하기에 당연한 일이다.

그런데 영국 스코틀랜드 글래스고 대학교의 존 골디는 이런 윤리교육이 과연 효과적인지 의문을 제기했다.

골디는 윤리교육의 효과를 알아보고자 의대생 1학년부터 5학년까지 162명을 대상으로 의사들이 윤리에 어긋나는 행동을 하는 열두 가지 사례(케이스 스터디)를 읽도록 하고 "당신은 이런 행위에 목소리를 높여 반대하시나요?"라고 질문했다.

의대생은 1학년, 2학년, 3학년 올라가면서 계속 윤리교육을 받으므로 만약 이런 윤리교육에 의미가 있다면 학년이 올라갈수록 '반대의 목소리를 낸다'는 사람이 늘어나지 않으면 이상한 일이다.

그런데 모든 사례에서 '반대의 목소리를 낸다'고 응답한 것은 어느 학년에서나 절반 가량이었다. 다른 동료 의사나 자신보다 윗사람인 의사에게 반대의 목소리를 높이기는 어려운 것이다.

골디는 몇 년간 윤리교육을 받아도 어차피 실천할 수 없고 윤리의식이 향상되는 일도 없지 않은가 하고 지적했다.

기업에 따라서 각종 괴롭힘 예방 차원에서 사원교육을 하기도 하지만, 이러한 사원교육도 실제로 얼마나 효과가 있을지 의문스럽다.

뭐, 개인적으로는 전혀 아무것도 하지 않는 것보다는 조금이라도 교육하는 편이 의미가 있지 않을까 싶은데, 독자 여러분은 어떻게 생각하는가? '전혀 소용없으니까 하지 않는 편이 좋다'고 생각하는가, 아니면 '소용없다고 생각하지만 그래도 하는 편이 좋다'고 생각하는가?

054

'간호사=백의의 천사'설을 검증한다

켄트 대학교(영국)

· · ·

간호사는 '백의의 천사'라고 불린다. 원래는 나이팅게일에서 유래한 말인 듯한데 간호사라고 하면 모든 환자에게 따뜻하고 상냥하게 대해주고, 자기희생적이며 헌신적인 자세가 마치 천사처럼 보이기도 한다. '결혼 상대는 무조건 간호사지!' 하고 마음먹은 남성도 많을 것이다.

그런데 간호사 역시 인간일 뿐 천사가 아니라고 하는 데이터가 있다.

영국 켄트 대학교의 린 콰인은 의료계 종사자 1,100명을 대상으로 "최근 12개월 이내에 괴롭힘을 당한 적이 있나요?"라고 물어봤다.

그러자 '있다'고 대답한 사람 중에는 압도적으로 간호사가 많았고, 44%(무려 절반 가까이)가 괴롭힘을 당한 경험이 있다고 대답했다. 의사, 복지 관리사, 병원 직원, 치료사 등 다른 의료계 종사자 중에서 괴롭힘을 당한 비율은 35%였다.

또 50%는 자신이 괴롭힘을 당하지 않았더라도 다른 간호사가 괴롭힘을 당하는 장면을 직접 목격한 적이 있다고 대답했다. 아무래도 간호사 업계에서는 괴롭히는 일이 상습적인 듯하다.

간호사는 어디까지나 환자나 다른 사람을 대할 때만 친절하고 동료인 간호사를 대할 때는 아주 차가운 모양이다. 어쩐지 천사라는 이미지가 무너지는 듯하다.

그런데 여기서 우리가 한 가지 짚고 넘어갈 비뚤어진 직업관이 바로 '간호사는 무조건 착하고 헌신적이어야 한다'는 어처구니없는 선입견에서 비롯되는, 간호사에 대한 희생 강요 인식이다. 물론 간호사는 환자나 환자 보호자에게 어느 정도 헌신적인 자세로 대부분 임하지만, 그렇다고 자신의 자존감마저 팽개치며 그런 행동을 하지는 않는다. 무엇보다 '직업인'으로서 나름의 전문적인 태도가 몸에 배어서 그런 행동을 하는 것이지, 부당한 대우나 환자와 보호자의 부당한 요구에도 그냥 응해주지는 않는다는 점을 일반인들도 알고 있어야 할 것이다.

참고로 동료 간호사를 어떻게 괴롭히는지 조사한 결과 '인격을 부정한다', '기분 나쁜 농담을 한다', '필요한 정보를 가르쳐 주지 않는다', '달성 불가능한 목표를 준다', '정신적으로 압박을 가한다' 등이 있었다.

다만 간호사의 명예를 위해 말해 두자면 이는 그만큼 어려운 일을 하기 때문이다. 물론 성격 나쁜 간호사가 많아서 그런 것이 아니다. 사람의 생명을 맡고 있기에 항상 긴장해야 하고 많은 일을 해내야 해서 피곤함에 절어 있는 수준을 넘어 극한 상태일 것이다. 그런 상태에서는 간호사가 아니더라도 가끔 목소리를 높이기도 할 것이다.

간호사도 사람이기에 언제나 천사일 수는 없다.

THINK

표현할 수 없는 것을 표현하게 하는 성공법칙

Part 5

의욕과 성과를 높이는
'일하는 방식'의 심리 법칙

055

짜증 나면 눕는다

포츠담 대학교(독일)

• • ○

우리는 두 감정을 동시에 느낄 수 없다. 기쁨과 슬픔 두 감정을 동시에 맛볼 수 없는 셈이다. 반드시 어느 한 감정만 느낄 뿐이다.

그렇다는 말인즉슨, 분노하는 감정을 느낄 때 그와 상반된 감정과 부딪히도록 하면 분노가 금세 사라지지 않을까. 실제로 그렇게 된다. 심리학에서는 이를 '지우개 효과'라고 한다.

독일 포츠담 대학교의 바바라 크라에는 실험 참가자 79명을 일부러 도발해 짜증이 나도록 한 다음 절반은 의자에 반듯이 앉도록 하고, 나머지 절반은 리클라이닝 의자에 편안한 자세로 앉게 했다.

크라에는 설령 짜증이 나더라도 편안한 자세를 취하고 기분 좋은 감정을 갖게 하면 짜증이 감소하지 않을까 가설을 세웠는데, 실험해보자 바로 그런 결과가 나왔다.

실제로 직원들의 컨디션이나 근무환경에 특별히 신경을 쓰는 회사에서는 편한 자세로 근무하는 것이 업무 효율도 높이고 직원들의 심신 안정에도 큰 도움이 된다고 여긴다. 그 때문에 직장에 편한 안마의자를 비치해 놓거나, 아무도 방해받지 않는 취침공간을 마련해 놓기도 한다. 세계 최고의 정보IT 기업인 구글은 전 직원이 가장 편한 공간과 시간을 자유롭게 선택해 근무할 수 있는 휴식, 힐링 공간 마련에 특별히 신경을 써 직장 시설을 마련했고, 아마존이나 마이크로소프트의 직장 공간도 직원들이 최대한 편하게 움직일 수 있도록 배치해 놓은 것으로 유명하다.

만약 초조한 기분이 들면 일단 몸이 편한 자세를 취해 보면 좋다. 자세가 편안하면 마음도 자연스럽게 편안해지고, 마음이 편안해지면 짜증이 사라지기 때문이다.

기분이 언짢을 때는 바닥에서 뒹굴면 금방 기분이 풀린다. '기분 나쁜 일이 있을 때는 일단 잔다'는 사람도 있는데 맞는 방법이다. 누워서 자는 자세를 취하면 마음이 편안해지며 부정적인 감정도 대부분 사라진다.

아무래도 일하면서 짜증 나는 일이 없을 수는 없지만, 그럴 때는 바로 몸을 편안하게 하자. 화장실에 틀어박혀 넥타이를 느슨하게 풀고 잠시 눈을 감은 채 편안하게 있으면 곧 짜증도 사라진다.

056

창의력을 높이는 의외의 방법

일리노이 대학교(미국)

• •

세계적인 코로나19 확산으로 먹고 마시기를 자제하는 사람이 늘었다. 꽃놀이나 송년회도 하지 않는 회사가 늘어났다. 술을 좋아하는 사람은 최대한 빨리 코로나가 수습되기만을 바랄 것이다.

술을 마시는 것은 아주 좋은 일이다. 좋은 아이디어나 계획, 기획 등이 떠오르지 않고 일이 막힐 때는 '가볍게 술 한 잔' 하는 것이 좋은 방법일 수도 있다. 알코올은 우리의 창의성을 높이는 데 도움이 되니 말이다.

일리노이 대학교의 앤드루 재러스는 남성 40명을 20명씩 두 그룹으로 나누고 실험을 해보았다. 한쪽 그룹에는 보드카와 크랜베리 주스를 섞어 마시고 술에 취하도록 했다. 이때 알코올 양은 각자의 체중에 따라 조정했다. 다른 한 그룹은 그냥 주스를 마시도록 했다. 그런 다음에 두 그룹 모두 '원격 연상단어 검사'(RAT)라는 창의력 측정 테스트를 받도록 했다. 세 단어에 공통되는 단어가 무엇인지 알겠는가를 측정하는 테스트이다.

예를 들어 독자 여러분은 다음 세 가지에 공통되는 단어가 무엇인지 알겠는가?

파랑   공허   진공

정답은 '하늘'이다. 이런 문제를 내는 테스트에서 높은 점수를 얻었다는 말은 그만큼 '아이디어 등이 번뜩이는 능력'이 높다는 뜻인데 음주를 한 그룹에서는 정답률이 58%였고, 정신이 멀쩡하던 그룹에서는 42%였다. 술을 마시면 보다 유연하게 발상하며 생각이 번뜩이는지도 모른다.

아무래도 창의적인 아이디어를 떠올린다거나 생각지도 못한 번뜩이는 생각이 꼭 필요할 때는 별 자극이 없는 일상적인 상황보다는 조금은 자신을 자극하고 예기치 못한 사고가 떠오를 만한 상황이 더 좋을 수밖에 없다. 이럴 때 알코올은 마음속 내면의 순간을 자극하거나, 일반적이지 않은 돌발적 사고를 떠올리게 하는 촉진제 역할을 할 수 있지 않을까.

물론 매일 퍼붓듯이 술을 마시다가는 건강을 해치겠지만, 일이 막히거나 인간관계에서 무엇인가 문제가 생겼을 때는 술을 조금 마셔보자. 생각지도 못했던 해결법이 떠오를 수도 있다.

057

의욕이 나지 않을 때는 '돈'을 생각해 본다

미네소타 대학교(미국)

· ·

의욕을 높이는 데 가장 도움이 되는 것은 무엇일까?

정답은 당연히 돈이다. 여러분도 돈은 얼마든지 갖고 싶을 것이다(웃음). 그게 인지상정이다. 돈을 원하지 않는 사람은 아무도 없다.

그러니 만약 도저히 일할 의욕이 생기지 않을 때는 돈을 생각해 보자. 그러면 의욕이 끓어오를 것이다.

"오늘 중으로 일을 해치우고 싶어."

"조금만 더 힘내고 싶어."

그럴 때도 돈을 생각하면 좋다. 그러면 조금만 더 열심히 해보자고 버틸 힘이 생긴다.

미네소타 대학교의 캐슬린 보스는 애너그램 작업을 하면서 은근슬쩍 돈에 대해서 생각하게끔 하는 실험을 했다. 애너그램이란 제각각의 알파벳을 주고 그것을 정렬하여 올바른 단어를 만드는 작업이다.

어떤 그룹에는 돈과 관련된 과제를 주었다. 예를 들어 다음과 같은 식이다.

E N O M Y → [MONEY]

S Y R L A A → [SALARY]

다른 그룹에는 돈과 전혀 관계없는 중립적인 단어를 만들도록 했다.

작업이 끝난 다음 보스는 어려운 과제를 주고 얼마나 열심히 하는지 측정해 봤다.

참가자는 언제든지 포기해도 됐지만, 포기하지 않고 얼마나 열심히 하는지를 알아보았다. 그러자 다음 표와 같은 결과가 나왔다.

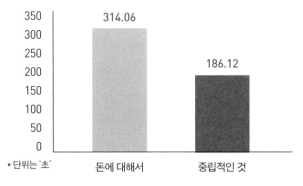

350
300
250
200
150
100
50
0

314.06

186.12

* 단위는 '초'   돈에 대해서   중립적인 것

(출처 : Vohs, K. D. et al., 2006)

　　돈에 대해 생각하면 좀처럼 포기하지 않고 인내하며 노력한다는 사실을 알 수 있다. 돈을 생각하면 누구나 의욕이 생기는 것이다.

　　돈에 대한 사람들의 집착을 제대로 보여주는 사례는 방송에서 진행되는 각종 도전예능이나 영화의 위험한 상황 등을 연출해내는 영화배우나 탤런트, 연예인 등의 행동이다. 고소공포증이 있는 연예인이 초고층 번지점프대에서 떨어지지 않는 다리를 애써 옮기며 결국 수십 미터 상공으로 떨어진다거나, 무인도에서 한 달을 아무런 지원 없이 주변의 자연자원을 활용해 살아남는 생존예능 같은 프로그램도 결국엔 출연료나 개런티라는 '돈' 때문에 다 용기를 내고 행동하게 되는 것이다. 물론 너무 '돈'만 보고 그런 무모한 행동을 하는 것처럼 이들을 폄훼해서는 안 되지만, 평소에 엄두도 못내던 일들을 과감하게 도전하고 실천할 수 있는 행동의 동기엔 역시 '돈'이 많은 비중을 차지한다는 것은 무시할 수 없는 현실이 아

생각하나
바꿨을
뿐인데

닐 수 없다.

'아무래도 오늘은 의욕이 나지 않는다' 싶은 날도 있을 텐데, 그럴 때는 부자가 된 모습을 상상하고 싱글거리며 일하면 좋다. 그렇게 하면 자연스럽게 의욕도 난다.

058

품질이 좋은 기획은 양에서 나온다

뉴욕 시립대학교(미국)

· · ·

독창성이라든가 창의성이라는 용어는 '좋은 품질'과 거의 같은 의미로 사용되곤 한다. 하지만 우리는 처음부터 품질이 좋은 상품이나 작품을 기대해서는 안 된다.

오히려 '양으로 승부'하는 것이 올바른 자세이다.

많은 상품을 만들다 보면 그중 몇 가지는 좋은 평가를 받으리라 생각하는 편이 좋다. 기획도 마찬가지로 품질이 좋은 안을 하나만 짜려고 하기보다 아이디어를 마구 내면서 수십, 수백 개의 기획안을 만들어 '양으로 승부'하는 편이 잘된다.

뉴욕 시립대학교의 에런 코즈벨트는 저명한 고전 작곡가 65명의 1만 5,657곡을 분석해봤다.

5년 단위로 나누어보니 어떤 작곡가가 곡을 가장 많이 쓰는 시기에 명곡도 탄생하기 쉽다는 사실을 알 수 있었다. 대량으로 창작하다 보면 품질이 좋은 작품도 탄생한다는 것이다.

모차르트는 35세의 나이로 사망할 때까지 600곡, 베토벤은 평생에 걸쳐 650곡, 바흐는 1,000곡이 넘는 곡을 만들었지만 모든 곡이 명곡인가 하면 그렇지 않다. 별 볼 일 없는 졸작은 얼마든지 있다.

코즈벨트에 따르면 어느 작곡가를 봐도 명곡으로 높이 평가되는 곡은 손에 꼽을 정도라고 한다. 계속해서 곡을 마구 만들고 그중 몇 곡만이 운 좋게 높이 평가되었다는 것이 저명 음악가의 실상이다.

피카소의 그림은 좋은 평가를 받는데, 그는 평생에 걸쳐 8만 점이 넘는 그림을 그렸다고 알려졌다. 그만큼 많은 양의 그림을 그리면 그중 몇 가지는 높은 평가를 받아도 이상할 게 없지 않은가.

양질의 좋은 작품을 만들어내기 위해서는 아무래도 예술적인 창의력이나 독창적인 기획이 전제가 돼야 한다. 그런 분야 중 가장 대표적인 분야가 바로 출판 업계이다. 모두가 인정하는 양서를 출판하는 출판사들이 처음부터 그렇게 좋은 책들을 출간했던 것은 아니다. 그들도 초창기에는 어떤 책을 낼지부터 고민에 고민을 거듭하다가 한 권 두 권 수준에 못 미치는 책들을 출판하다가 어느 순간 자기만의 출판 콘텐츠를 깨치고는 출판사의 색깔이 분명한 개성적이고 품질 좋은 책들을 만들어내기 시작하는 것이다. 여기서도 여지없이 양으로 승부하는 몇 년간의 출판사의 노력이 꼭 필요한 과정인 것이다.

이런 사례는 방송이나 신문의 명품 프로그램이나 특별연재면도 마찬가지인데, 양으로 숱한 시행착오를 거듭하다가 자신들만의 색깔을 찾고 그때부터 질적인 성장으로 가는 변곡점의 시기를 맞게 되는 것이다.

우리가 당연시하는 최신 전자제품이나 일상용품 역시 처음부터 그처럼 우수하고 편리한 제품이었던 것은 아니다. 기억하실지 모르지만 우리에게 핸드폰이 처음 선보였을 때 사람들은 핸드폰을 '무전기'니 '무슨 벽돌 흉기 같다'는 우스갯소리를 서슴지 않았다. 그만큼 시행착오와 양으로 승부하는 과정은 좋은 제품의 생산을 위한 필수 과정이 아닐 수 없는 것이다.

갑자기 좋은 품질을 바라서는 안 된다.

품질은 아무래도 좋으니 일단은 양이다.

일할 때도 이 원리를 지키도록 하자. 많은 양을 소화하다 보면 반드시 그중에서 독창성이 높은 것이 나온다. 그때까지 질리지 않고 계속 만드는 것이 포인트라고 할 수 있다.

059

작업은 '동시에 하기'보다 '한 번에 하나씩'

테네시 대학교(미국)

• •

여러 작업을 동시에 해낼 수 있는 사람이 없지는 않지만, 일은 기본적으로는 한 번에 하나씩 해나가는 편이 좋다. 그것이 결국 시간을 절약하는 방법이다.

어떤 작업을 하면서 다른 작업을 하기란 너무 어렵다.

'저 일도 해야 하는데…'라는 생각이 들면 집중력과 주의력이 분산되어 누구든 능률이 떨어지기 마련이다.

공부도 마찬가지로 '~하면서 공부하기' 방법이 있다.

음악을 들으면서, TV를 보면서, 라디오를 들으면서, 요컨대 무언가 다른 것을 하면서 공부하는 것을 '~하면서 공부하기'나 '~하면서 학습하기'라고 한다.

이 방법으로는 공부하지 않는 편이 좋다. 두 가지 일을 동시에

할 정도로 재주가 좋은 사람은 별로 없으니 말이다.

테네시 대학교의 에디 크리스토퍼는 음악을 들으면서 혹은 무음인 상태에서 독해 과제와 수학 과제를 시켜봤는데, 음악을 들으면서 한 그룹이 두 과제 모두 능률이 떨어졌다.

과제에 집중할 수 있는 사람은 능률이 떨어지지 않았지만, '과제에 집중할 수 있다'는 말은 곧 '음악을 듣지 않는다'는 것과 마찬가지이다. 그렇다면 처음부터 음악을 듣지 않으면 된다.

그런데 이런 논리는 요즘의 MZ세대로 일컬어지는 젊은이들의 공부법이나 일하는 방식과는 좀 거리가 있다는 느낌이다. 사실 요즘 젊은이들은 주로 카페나 커피숍처럼 시끄러운 음악이 흘러나오는 장소에서 노트북을 보며 자신이 해야 할 공부를 하는 경우가 대부분이다. 그렇다고 이들이 자신의 공부를 소홀히 하거나 집중을 못하는 것도 아니다. 그저 이들이 공부하고 일하는 방식이 주변의 음악 소리나 사람들의 대화하는 소리에 잘 섞여 그만의 작업환경으로 자리 잡았기 때문이 아닐까.

이러한 젊은 세대들의 업무 스타일은 최근 이들이 주로 진출하는 IT 분야나 컴퓨터공학, 기업 HR 분야의 근무환경 조성에도 영향을 끼쳐 가급적 이들이 익숙한 카페환경을 일부러 작업공간으로 만들어주는 기업도 꽤 있다.

문제는 여러 작업을 동시에 처리해나갈 수는 없다는 것과 복잡한 환경 속에서 자신의 일을 못하리라는 것은 전혀 다른 문제라는 점이다. 따라서 젊은 세대를 적극적으로 영입해야 할 직장이나 기업이라면 이러한 MZ세대들의 일하는 방식도 고려해봄이 업무 능률 향상에 도움이 될 것이다.

일도 이것저것 다른 일에 손을 대는 것보다 본업에만 충실한 편이 잘 되는 법이다. 이와 마찬가지로 작업도 한 가지 작업에 집중하는 편이 결과적으로 빠르게 잘 해낼 수 있지 않을까.

물론 세상에는 요령 좋은 사람도 있어서 여러 일을 척척 해낼 수 있는 사람이 없는 것은 아니다. 그런 사람은 동시 병행으로 여러 일을 해도 괜찮겠지만, 보통 사람이 도저히 따라 할 수 있는 일은 아닌 것 같다.

060

세계적으로 인프라 계획의
예산 초과율은 100%이다

올보르 대학교(덴마크)

· ·

사람은 누구나 일반적으로 실패하면 다음에는 실패하지 말자고 생각한다. 그런데 여러 번 실패를 거듭해도 그 실패로부터 전혀 배우는 것이 없는 업계가 있다고 하면 독자 여러분도 놀라지 않을까.

덴마크 올보르 대학교의 벤트 플루비야는 세계 5대륙 20개국의 인프라 계획 258건을 분석해보았다. 당초의 예산을 초과했는가를 조사하고자 했다.

놀랍게도 플루비야가 조사한 258건 중 258건이 예산을 초과한 것으로 나타났다. 예산 초과율은 경이로운 100%였다(웃음). 이야, 좀처럼 100%라는 수치는 만나볼 수 없는데 경이로운 결과가 아닐 수 없다.

게다가 플루비야는 70년간에 걸친 인프라 계획을 조사했는데,

예산을 초과하는 일이 전혀 감소하지 않았다는 사실도 밝혀냈다. 즉 70년 동안 반성도, 학습도 이루어지지 않은 셈이다.

모든 인프라 계획에서 예산을 초과하는 현상을 볼 수 있었는데 세세히 살펴보면 도로는 20%, 다리와 터널은 34%, 철도는 45% 예산을 초과하였다는 차이가 있다.

도로를 만들 때도 예산은 초과하지만 20%이니 뭐, 나름대로 선방했다고 할 수 있다. 그런데 다리, 터널, 철도와 같은 대규모 인프라일수록 비용이 점점 커져 당초의 예산을 크게 초과하고 마는 듯하다.

그리고 북미와 유럽보다 개발도상국에서 예산 초과가 더 심각한 것으로 나타났다. 왠지 그럴 것 같다는 생각이 든다. 개발도상국에서 당초의 예산 계획 따위는 아마 있으나 마나 할 것이다.

문제는 공공 재산을 소홀히 하는 사회나 나라의 분위기가 이런 예산 초과를 대수롭지 않게 여기는 원인이 되었다는 점이다. 국가에서 하는 다리나 철도 같은 대규모 기간산업에서부터 정부가 미래를 내다보는 혜안을 가지고 예산을 책정하고 꼼꼼하게 일을 진행한다면 국민의 혈세로 진행되는 예산이 필요 이상으로 낭비되는 현상은 줄일 수 있지 않겠는가. 이러한 사례를 규모가 작은 기업에 적용해본다면 아무래도 예산 초과로 인한 낭비와 직원들의 해이한 마음가짐을 없애는 데도 꼼꼼하고 세세한 예산 계획과 예산 관리에 관한 인식의 전환이 꼭 필요하다고 본다. 무엇보다 '예산'의 계획이나 집행이 '내 돈'이 아닌 소위 다수가 써도 되는 돈이라는 인식부터 불식시킨다면 예산의 초과 집행이라는 무분별한 사태는 좀 줄어들지 않을까.

인프라 계획뿐만 아니라 업계 대부분에서 예산 초과를 볼 수 있는데, 애초에 너무 안이하게 예상하기 때문이다. 사람에게는 아무래도 당장 앞만 내다보는 일면이 있어서 상당히 안일하게 전망을 예측한다는 사실이 알려져 있다.

금전적인 예산도, 완성되기까지의 기간도, 어떠한 예정을 세울 때는 예상 외의 일이 차례차례로 일어날 것으로 내다보고 상당히 여유 있게 잡는 편이 좋다. 그러면 초과하지 않고 '계획대로' 할 수 있다.

061

'중압감에 약하다'고 콤플렉스를
느낄 필요가 없는 이유

노던일리노이 대학교(미국)

• •

만약 독자 여러분이 '나는 중압감에 약하다'는 점을 신경 쓰고 있다면 그런 일에 고민하지 않아도 된다고 조언해주고 싶다. 그도 그럴 것이 여러분뿐만이 아니라 '누구나' 중압감에 약하기 때문이다.

사람은 보통 누구라도 중압감에 약한 법이다. 그러니 중압감에 약하다고 전혀 콤플렉스를 느낄 필요가 없다.

노던일리노이 대학교의 브렛 웰스는 2009년 PGA투어 38개 토너먼트 중 4라운드로 겨루는 34개 토너먼트를 분석했다. 3라운드나 5라운드로 겨루는 토너먼트는 제외했다.

웰스는 각 선수를 대상으로 3라운드와 최종 라운드의 점수 차이를 알아보았다. 그러자 최종 라운드에는 모든 프로 선수가 일제히 점수를 떨어뜨리는 것으로 밝혀졌다. 프로 골퍼도 사람이기에 최종 라운드에는 중압감을 느꼈을 것이다. 재미있는 점은 순위가 선두에 가까운 선수일수록 점수가 떨어진다는 사실이다.

이 결과에서 알 수 있듯이 프로조차 중압감에 진다.

그렇다면 특별히 프로도 아닌 아주 평범한 독자 여러분이 중압감에 조금 약하다고 하는 건 당연하지 않을까. 전혀 신경 쓸 필요가 없다.

프로 골퍼라면 코치를 붙여 정식으로 멘탈 트레이닝도 받을 것이다. 그런 훈련을 받으면서도 중압감에 지는 것이다. 그렇게 생각하면 일반 사람이 중압감에 약한 것은 지극히 당연한 일이다. '프로도 그렇다'라는 사실을 알면 기분도 조금은 편해지지 않는가.

062

'마음을 꿰뚫어 보는 것은 환상'이라고 생각하면
사람들 앞에서 긴장하지 않는다

윌리엄스칼리지(미국)

● ●

우리는 자신의 마음이나 생각이 다른 사람에게 간파당한다고 믿는다. 자신의 진심이 상대방에게 훤히 들여다보인다고 믿는 것이다. 이를 심리학에서는 '투명성의 환상'이라고 한다.

미국 윌리엄스칼리지의 케네스 사비츠키는 스피치를 하는 사람은 이러한 '투명성의 환상'을 자주 갖는다고 말한다.

'내가 두근거리는 것이 상대에게 완전히 들통 났어.'

'모두에게 내 목소리가 떨리는 걸 들켜서 창피해.'

'횡설수설하고 있는 게 뻔히 보여서 나쁜 평가를 받을 것 같아.'

곧잘 그렇게 믿는다고 한다.

하지만 괜찮다. 원래 대부분의 사람은 자기 이외의 사람에게 그렇게 관심이 없다. 그러니 당당하게 스피치해도 괜찮다. 어차피 남의 얘기 따위는 신경 써서 듣고 있지 않으니 그렇게 조바심 낼 건 없다.

아주 평범하게 스피치하면 충분하다. 잘하려고 하지 않아도 괜찮다. 청중을 감격하게 하거나 마음에 와 닿는 이야기를 하려고 애쓰니까 더욱 불안한 것이다.

이러한 '투명성의 환상'을 제대로 극복하기 위해서는 평소의 루틴에 충실한 생활습관을 지니는 것이 중요하다. 우리가 흔히 하듯이 '실전은 연습처럼, 연습은 실전처럼'이라는 말처럼 이 원리에 딱 들어맞는 것도 없다. 그저 연습한 대로, 공부한 대로, 평소의 습관처럼 익숙한 행동이나 말을 하다 보면 어느새 이런 불안감은 사라지게 된다.

보통 공부를 잘하는 우등생이나 성과가 뛰어난 연구자나 전문가들이 흔히 하는 생활방식이 바로 평소에 실전처럼 최선을 다해 준비하고는 시험이나 성과발표, 세미나 자리, 강연 등에서는 평소 연습한 루틴을 떠올려 그대로 실행하는 것이다. 우리가 기억하는 유명 수영선수가 경기장에 도착하며 귀에 헤드폰을 낀 채 무슨 노랜지를 흥얼거리며 입장하는 모습도 다 이런 평소의 루틴을 최대한 실천하려는 자신만의 방식이라고 보면 틀림없을 것이다.

아무리 두근거리든, 손가락이 떨리든 자신에게만 보일 뿐이고 다른 사람은 별로 신경 쓰지 않는 법이다. 자신의 마음이 상대방에게 훤히 보일 거라는 생각은 그저 환상일 뿐이다. 투명성의 환상에

생각하나
바꿨을
뿐인데

지나지 않아서 대부분의 사람에게는 들키지 않는다.

　사비츠키는 스피치를 하는 사람들에게 "우리에게 투명성의 환상이라는 현상이 쉽게 일어나지만 실제로는 상대방에게 들키지 않아요."라고 알려주면 불안감이 대부분 해소된다는 사실도 밝혔다.

　이 책을 읽는 여러분도 '투명성의 환상'을 배웠으니, 앞으로는 사람들 앞에서 스피치하는 일이 생겨도 이제 괜찮을 것이다. 아무리 긴장해도 다른 사람은 여러분이 긴장했다는 사실을 모른다. 그렇게 생각하면 마음이 편할 것이다.

　스포츠 선수가 시합이나 경기 후의 인터뷰에서 "이야, 긴장됐어요."라고 말할 때가 있는데, TV로 보는 우리에게는 그렇게 긴장했는지 전혀 알 수 없지 않은가. 실제로 긴장했는지는 자신을 제외한 다른 사람은 알 수 없는 법이다.

063

열정만 있으면 어려움도 극복할 수 있다

레스터 대학교(영국)

• •

'난독증'(dyslexia)이라는 장애가 있다. 이는 책을 읽거나 글씨를 쓰는 것이 서투른 사람을 가리킨다. 다만 문자를 전혀 읽을 수 없지는 않고 어디까지나 서투른 수준으로, 지적 발달이 늦은 것은 아니다.

난독증인 사람들은 학교에서도 상당히 고생하지만 사회에 나가서도 고생을 한다. 어떤 직장에서든 읽고 쓰는 능력이 필요하기 때문이다.

그럼 난독증인 사람이 성공하기 어려운가 하면 그렇지 않다. 영국 레스터 대학교의 로잘리 핑크는 난독증 장애가 있는 사람은 어떤 일이라도 열정적으로 관심을 두고 행하기에 성공한다고 설명했다.

생각하나
바꿨을
뿐인데

핑크는 또 다른 연구를 통해 난독증 장애가 있는 노벨상 수상자와 미국 국립과학아카데미 회원 등을 조사해봤는데, 이들은 읽고 쓰는 데 서툴지만 좋아하는 주제를 다룬 논문과 책은 얼마든지 읽을 수 있다는 사실도 알아냈다.

난독증인 사람들은 읽는 것은 느릴지 몰라도 열정적으로 임하기에 보통 연구자보다 훌륭한 업적을 남길 가능성도 있다.

'토끼와 거북이'라는 동화가 있다.

거북이는 토끼보다 천천히 걷지만 쉬지 않고 계속 걸으면서 결국에는 발이 빠른 토끼를 이긴다는 이야기이다.

난독증인 사람이 읽고 쓰기가 서툴러도 일에서 성공하는 이유는 바로 거북이처럼 열정으로 부단한 노력을 계속하기 때문이 아닐까.

문제는 난독증 환자가 어떤 일을 꾸준히 해냈다는 데 방점을 찍어야 한다는 것이다. 사실 자기 분야에서 두드러진 성과를 잘 내지 못하는 사람들 중에는 개인 능력이나 실력이 남보다 뛰어난 사람들도 꽤 있다. 이들이 그렇게 훌륭한 자질이나 실력을 갖추고도 특별한 성과를 내지 못하는 데는 무엇보다 '자신은 마음만 먹으면 얼마든지 뛰어난 성과를 낼 수 있다'는 근거 없는 자신감이 자신을 어렵게 한다는 것을 모른다는 데 있다. 또 하나, 일반인 중에는 조그마한 것이라도 자신이 직접 노력을 기울여 해낸 성과가 없는 사람이 꽤 많다는 것도 문제라면 문제이다. 따라서 어떤 일이든지 작은 것에서부터 자신의 힘으로 성과를 본 결과물을 갖는 것이 사회

생활을 성공적으로 해나갈 수 있는 중요한 마인드이다.

난독증뿐만이 아니라 인간이라면 누구에게나 서투른 게 있겠지만, '나는 할 수 없어' 하고 쉽게 포기하지 말고 이를 악물고라도 계속 노력하자. 능력이 조금 떨어지더라도 열정을 가지고 꾸준히 노력한다면 반드시 그 노력은 결실을 볼 것이다.

사람 대부분이 일로 성공하지 못하는 이유는 주로 중간에 포기하기 때문이다. 성과가 나올 때까지 싫증 내지 않고 계속 노력할 수 있느냐에 따라 성공한 사람이 될 수 있는가도 정해지지 않을까.

064

어떤 사회에서든 '연줄'이 전부이다

위트레흐트 대학교(네덜란드)

• •

일본은 '연줄 사회'라는 소리를 듣는다. 어떤 사업을 하든 연줄이 필요하다. 연줄이 없으면 무엇을 해도 소용없다.

우선 취업할 때도 연줄이 필요하다. 연줄이 있는 사람은 원하는 회사에 쉽게 취직할 수 있지만, 연줄이 없는 사람은 그럴 수 없다. 일할 때도 고객이나 거래처에 연줄이 있으면 간단하게 계약을 따낼 수 있다. 연줄이 없으면 일 의뢰도 들어오지 않을뿐더러 애초에 약속을 잡고 만나기조차 어렵다.

일본이 훌륭한 연줄 사회임은 논할 여지도 없지만, 그럼 외국은 어떨까? 사정은 일본과 전혀 다르지 않다.

즉 전 세계 어느 나라든 연줄이 판치고 있으며 일본만 연줄 사회인 것이 아니다. 중국도 사업을 하려면 연줄이 있어야 하고 미국도, 한국도, 브라질도, 어디든 마찬가지다.

네덜란드 위트레흐트 대학교의 에드 복스만은 네덜란드 국내 기업 중 직원 수가 50명 이상인 400곳의 톱 매니저에게 설문 조사를 부탁했는데, 61%는 '연줄로 입사'한 것으로 나타났다고 한다.

톱 매니저가 될 정도의 사람은 처음부터 연줄로 입사했다. 첫 단계부터 편파적이다.

"연줄에 의지하다니 한심해."

"연줄을 대다니 추접해."

만약 진심으로 그런 말을 하는 사람이 있다면 그런 사람은 어느 나라를 가도 성공하기는 어렵다. 어느 나라든 연줄이 꼭 필요하기 때문이다.

오늘부터라도 만약 나에게 변변한 연줄이 없다고 생각된다면 내가 희망하거나 진출하고자 하는 분야에 나를 신뢰해 줄 연줄을 만들어 보도록 주변으로 눈을 돌려 살펴보기 바란다. 무엇보다 연줄의 근거는 그 분야의 전문가이거나 권위자가 아니겠는가. 그리고 사회에 처음 진출하는 신입사원이나 사회 초년생이라면 자신이 배우고 있는 일이나 공부하고 있는 분야의 선생님이나 선배에게 '진심으로 성실하게 자신의 커리어를 쌓는 사람'이라는 인식을 주도록 최선을 다해 노력하는 모습을 심어주도록 하자. 누가 알겠는가. 내 빈약한 연줄에 어느 날 든든한 동아줄이 돼줄 사람으로 그분들이 예기치 않은 영향을 줄지도 모르니 말이다.

'연줄이 없는 사람은 불리하잖아'라고 생각할 수 있으나, 연줄이 없다면 스스로 만들면 된다. 당연한 말이다. 사회에 나가면 연줄을 만드는 것도 실력이기 때문에, 스스로 적극적으로 인맥을 만들어 가는 자세가 중요하다.

나도 원래 어느 출판사에도 연줄이 없었지만 여러 편집자를 만나면서 20년에 걸쳐 조금씩 인맥을 넓혀갔다. '연줄이 없다'고 한탄하기보다 오히려 '스스로 만들어 가는 것'이라고 생각하고 인맥을 만드는 데 힘쓰는 편이 좋지 않을까. 이것이 바로 일에서 성공하는 요령이다.

O65

'부자일수록 일하지 않는다'는
완전히 틀린 말이다

매사추세츠 공과대학교(미국)

● ● ●

독자 여러분은 부자라고 하면 어떤 모습을 떠올리는가? 일 년 내내 해외 피서지에서 휴가를 즐기며 놀기만 하고 일하지 않는 사람의 모습을 떠올리지 않을까. 그렇다면 요즘과는 완전히 다른 모습을 떠올린 것이다.

"왜 난 이렇게 매일 악착같이 일해야 하지?"

"아주 싼 월급으로 잘도 부려먹는군."

그런 식으로 볼멘 표정으로 일하는 사람도 있겠지만, 부자가 놀고먹기만 하는가 하면 오히려 반대이다. 돈을 버는 사람은 여러분보다 훨씬 더 허덕이며 열심히 일한다. 그런 이야기를 들으면 조금은 불만이 가실 것이다.

매사추세츠 공과대학교의 도라 코스타는 1890년부터 1991년까지 소득과 노동시간의 관계에 대해 알아봤는데, 1890년대에는 돈을 가장 많이 버는 사람들이 노동시간도 가장 짧은 것으로 나타났다.

많은 사람이 떠올리는 '부자일수록 일하지 않는다'는 모습은 분명 그런 시대도 있었기 때문에 완전히 틀린 것은 아니다.

그런데 1973년까지 돈을 버는 사람과 그렇지 않은 사람의 노동시간 차이는 점점 줄어들었고, 1991년에는 돈을 더 버는 사람이 더 일하게 되었다.

당연하지만 누구보다도 오래 일하면 누구보다도 돈을 많이 벌 수 있다.

'편히 벌자' 싶어도 그것도 그렇게 쉽지는 않다. 돈을 벌려면 남들보다 몇 배는 일을 해야 한다. 스티브 잡스 등은 하루에 18시간이나 일했다고 한다. 역시 일에 몰두할 정도가 아니면 부자가 될 수 없는 것일까.

정말 돈을 많이 버는 사람들은 아마도 모두 법으로 정해진 노동시간 따위는 지키지 않는다. 그야말로 1년 365일 쉬지 않고 숙식을 잊고 일에 중독될 정도로 일한다.

매일 저녁 5시에는 일을 끝내고 주말에 꼬박꼬박 쉬면서 '부자가 되고 싶다'고 바라는 것은 조금 얌체 같은 생각일지도 모른다. 부자에게는 휴일이 전혀 없다. 이것이 진실일 것이다.

066

번아웃 될 정도로 노력하지 않는다

킬 대학교(독일)

● ●

부자가 되려면 숙식을 잊고 일해야 하는데, 그로 인해 심신을 망가뜨리면 본전도 건질 수 없다. 역시 자신이 할 수 있는 한계 범위 내에서 노력해야 한다.

독일 킬 대학교의 우타 클루스만은 초등학교 산수 선생님 1,102명과 그들이 맡은 아이들 2만 2,002명의 산수 성적을 조사해보았다.

그 결과 '번아웃 증후군'에 걸릴 정도로 애쓰는 선생님에게 배운 아이들은 산수 성적이 좋아지기는커녕 오히려 나빠지는 것으로 나타났다.

선생님의 나이, 선생님으로서의 경력, 담당 반의 인원 등을 일정하게 유지해도 '번아웃 증후군'인 선생님이 가르쳐주는 아이의 성적은 나빴다.

어떻게 보면 번아웃 될 정도로 노력하는 선생님은 매우 훌륭한 선생님이라고도 할 수 있다.

하지만 번아웃 될 정도로 노력해도 아이들에게는 오히려 폐를 끼치고 있다. 어쨌든 성적이 나쁘지 않은가.

이는 일반적인 직장에서도 마찬가지다.

번아웃 증후군이 될 정도로 노력해도 그로 인해 쓰러지면 오히려 주위 사람들에게 큰 폐를 끼치고 만다.

그러니 그렇게 열심히 하지 않아도 된다.

심신을 망가뜨릴 정도로 노력하지 않고 적당한 정도에서 '더는 모르겠어' 하고 일단락 짓자. 가끔은 휴가를 내고 느긋하게 지내는 것도 좋을 수 있다.

앞 항목에서 했던 '부자가 되고 싶다면 안이한 생각은 버리고 죽을 만큼 일하라'는 조언과 모순되는 이야기지만, 심신을 망가뜨리면서까지 부자가 될 필요는 어디에도 없다.

역시 사람에게는 보통이 제일이다.

돈을 다 쓸 수 없을 정도로 부자가 되고 싶다든가, 어떻게든 셀럽이 되고 싶다든가, 그러한 소망이라도 있다면 모를까. 그렇지 않다면 적당히 노력하는 정도면 충분하지 않을까 한다.

THINK

표현할 수 없는 것을 표현하게 하는 성공법칙

Part 6

감정으로 움직이는
'경제 행동'의 심리 법칙

067

기온이 10도 오르면 검은 차의 매출이 떨어진다

노스웨스턴 대학교(미국)

· ·

스스로 그다지 의식하지 않아도 우리의 기분은 기온과 날씨의 영향을 받는다. 포근하고 온화한 맑은 날에는 누구나 왠지 모르게 기분이 고양되고, 춥고 비나 눈이 내리는 날에는 자신도 모르게 기분이 우울해지기 마련이다. 독자 여러분도 모르는 사이에 기온과 날씨의 영향을 받고 있다.

그런데 인간의 구매 행동은 그때그때의 기분에 영향을 받는다. 따라서 기온과 날씨가 달라지면 당연히 구매 행동에도 변화가 생긴다.

노스웨스턴 대학교의 메건 부세는 자동차 매출에 관한 재미있는 데이터를 발표했다. 부세가 조사한 결과 다음과 같은 사실을 알 수 있었다.

- 기온이 10도 오르면 검은 차의 매출이 2.1% 떨어진다
- 맑은 날은 흐린 날에 비해 검은 차의 매출이 5.6% 떨어진다
- 따뜻한 날에는 오픈카의 매출이 오른다
- 맑은 날에도 오픈카의 매출은 오른다
- 다만 기온이 너무 높은 날에는 떨어진다

더운 날에 검은색을 보면 한층 더 숨 막힐 듯이 덥게 느껴지기 때문에 그럴 때는 검은 자동차를 멀리하게 된다. 반대로 오픈카를 타고 달리면 왠지 기분이 좋아질 것 같아 오픈카가 더 잘 팔리는 듯하다.

기온의 높고 낮음이나 날씨의 상태에 따라 판매에 영향을 받는 업종은 아무래도 사람의 기분이나 컨디션과 관련있는 분야인 것 같다. 다 그런 것은 아니겠지만 비가 많이 오거나 장마철이면 커피숍이나 카페의 매출이 맑은 날보다 더 올라가고, 맑고 청명한 날이면 야외의 매점이나 가게 등의 매상이 궂은 날보다 더 오르는 것 등이 날씨나 온도와 관련된 사람의 감정상의 이유가 많이 작용하기 때문인 것 같다.

자신의 업종이 판매와 영업과 관련되었다면 기온과 날씨에도 민감해지도록 하자. 그런 요인은 매출에 큰 영향을 주니까 말이다.

068

일기 예보로 주가도 예상할 수 있다

오하이오 주립대학교(미국)

● ● ○

우리의 기분이 그날 날씨에 따라 영향을 받는다는 점을 생각하면 날씨에 따라 주가 예상 같은 것도 할 수 있지 않을까? 주식 매매 역시 인간이 하는 경제행위니 기분에 큰 영향을 받을 것이다.

오하이오 주립대학교의 데이비드 허슐라이퍼는 이를 조사하기 위해 1982년부터 1997년까지의 26개국 주가 데이터와 각 나라의 아침 날씨와의 연관성을 조사해보았다.

그러자 통계적으로도 분명하게 '아침에 날씨가 맑으면 그날 주가는 오른다'는 뚜렷한 경향이 나타났다. 아침에 날씨가 맑으면 사람들은 신이 난다. 쾌활한 기분이 든다. 이럴 때 주가가 오르는 것이다. 이 정도는 막연히 알 것만 같다.

그럼 반대로도 말할 수 있을까? 즉 비나 눈이 오는 날에는 기분이 가라앉아서 주가가 내려가는 것일까? 허슐라이퍼가 조사한 결과, 반대로는 관계가 없었다. 비가 온다고 해서 그날 주가가 내려가는가 하면 그렇지 않았다.

그런데 소위 주식의 고수라고 불리는 사람들은 이러한 날씨의 영향을 역으로 활용해 일반인들과 다소 다른 주식 투자의 행보를 보이는 경우도 있다. 가령 날씨가 맑은 날에는 주가가 올라서 쉽게 매도할 수 없는 종목의 주식을 대량으로 매도한다든지, 반대로 남들이 잘 매수하려고 하지 않은 종목의 주식을 매수하는 식이다. 또한 주식의 악재가 발생해 일반인들이 주식을 처분하려고 할 때 그 주식을 낮은 가격에 사들이는 방법도 주식 고수들이 흔히 사용하는 주식 투자 방법 중 하나이다. 무엇보다 주식 투자의 법칙이나 책임은 투자자 본인이 지는 것이기 때문에 남들과 똑같은 방식으로 주식 투자 하기보다는 무언가 자신만의 주식 노하우를 살린 투자 기법을 활용하는 것이 주식 고수들의 투자 비법 중 하나이기도 하다.

일기 예보를 통해 주가 예상을 한다면 우선 '날씨가 맑은 날은 주가가 오른다'는 사실만은 확실히 말할 수 있다. 주식 투자를 하는 사람은 '겨우 그 정도의 지식만으로는 별로 도움이 되지 않는다'고 생각할 수도 있지만, 지식이 하나라도 늘면 의외로 도움이 될 수도 있다.

069

국제경기에 지면 주가가 하락하는 패자 효과란

런던 비즈니스스쿨(영국)

• • •

TV를 보다가 만약 국제적인 스포츠 경기(올림픽이나 월드컵 등)를 볼 기회가 있다면 모처럼이니 스포츠 관람을 즐길 뿐만 아니라 내친김에 주가도 예상해버리자. 바로 꿩 먹고 알 먹고 식으로 즐기는 방법이다.

그런데 어떻게 스포츠 경기에서 주가를 예상할 수 있을까?

그 이유는 투자자도 사람이라서 분위기에 영향을 받기 때문이다.

런던 비즈니스스쿨의 알렉스 에드만스는 축구 월드컵을 통해 이 가설을 검증했다. 영국에서는 축구의 인기가 높은데, 영국 대표팀이 경기에 지면 그다음 날에는 주가가 비정상적인 하락세를 보였다.

열광적인 팬이 아니더라도 자국 대표팀이 경기에 지면 기분이

처지는 법이다. 그런 분위기는 주가에 확실히 반영된다.

일본에서 인기 있는 스포츠라고 하면 야구를 꼽을 수 있다.

그럼 야구에서도 같은 '패자 효과'가 보일까? 아마 보일 것으로 예상할 수 있다. 에드만스가 축구뿐만 아니라 다른 스포츠, 즉 크리켓, 럭비, 야구 국제경기에서도 같은 결과를 얻었기 때문이다.

주식의 대원칙은 쌀 때 사고 비쌀 때 파는 것이기에, '자국 대표가 국제경기에 졌을 때' 주식을 사야 한다고 할 수 있지 않을까. 아마 최저가에 가까운 가격에 살 수 있을 것이다.

주가를 예상하는 일은 전문가에게도 어렵지만, 스포츠 경기에서 자국의 대표가 졌을 때 주가가 하락하는 경향은 데이터에도 비교적 분명하게 나타나니 기억해 두면 좋을 수도 있다.

물론 물리법칙과 달리 심리학 데이터는 해당하지 않는 경우도 많으므로, 설령 내 조언대로 주식을 사서 손해를 보더라도 스스로 책임지기를 바란다.

070

경제 뉴스는 '거꾸로' 읽어야 한다

함부르크 대학교(독일)

• •

신문이나 잡지에 경제의 전망을 예상하는 기사가 실리기도 한다. 그런 기사를 읽을 때는 '거꾸로' 읽는 편이 좋을 수도 있다.

즉 기사의 논조에서 '일본의 경제는 지금부터 성장할 것이다!' 하는 느낌이 들면 거꾸로 '어쩌면 나빠질지도?' 하고 예측해 보는 것이다.

왠지 심술을 부리며 읽는 것 같지만, 이렇게 하면 앞날을 제대로 예측할 수 있는 때도 많다.

독일 함부르크 대학교의 티무르 세빈서는 〈USA 투데이〉지 2007년 8월부터 2009년 6월까지의 기사를 분석해보았다. 매주 월요일 권두 기사에서 앞으로 경제가 어떻게 될 것으로 보는지를 조사하는 한편, 다음 주말과 약 1개월 후의 주말에 주가 종가를 조사해보았다.

그러자 굉장히 재미있는 사실을 밝혀냈다.

'미국 경제는 앞으로 상승한다', '전혀 걱정할 필요 없다'와 같이 긍정적인 기사가 나오면 반대로 다음 주와 약 1개월 후의 주가는 오히려 '하락'했다. 정반대의 결과가 나온 것이다.

더 나아가 세빈서는 1933년부터 2009년까지의 대통령 취임사 내용을 자세히 조사하면서, 대통령이 추후의 경제를 좋게 말할수록 그 후 GDP와 실업률 지표가 '나빠진다'는 사실을 알 수 있었다.

세계적인 주식 구루인 워런 버핏은 주식시장에서 가장 호기는 '세계 경제가 최악의 위기국면을 예고한 때'라는 주장을 미국 경제 신문 오피니언 인터뷰에서 피력한 바 있다. 세계의 유수 기업의 기업주들 중에서도 경기가 어려워졌거나 세계적인 위기가 닥쳤을 때 오히려 공격적인 경영에 나서는 경우가 많다.

이러한 사례는 경영계뿐 아니라 과학계나 출판계에서도 심심찮게 나타나고 있다. 대표적인 사례가 경기가 불황일 때 초대형 베스트셀러가 등장한다든가, 세계를 놀라게 하는 혁신적인 과학 사건이 세계 공황이나 경제 불황이 터졌을 때 발표되는 사례 등이 이에 해당한다고 할 수 있다. 물론 그 반대의 경우도 해당되는바, 경제가 좋아졌을 때나 세계적인 평화기가 지속될 때는 이상하게 주식 가격이 하락하거나 여러 업종이 고전을 면치 못하는 경우도 종종 있었다.

대체로 경제가 조금씩 나빠질 때 신문이나 잡지 기자들은 '지금

이대로는 큰일이야! 긍정적인 내용을 보도해야겠어!' 하는 마음가
짐이 될 수도 있고, 대통령은 '신나는 이야기를 해야 해!' 하는 심정
이 들 수도 있다. 그래서 말한 것과는 반대의 결과가 나오는 것이
아닐까.

어쨌든 언론 보도를 그대로 믿을 것이 아니라 그 반대의 일이
일어날 것도 염두에 두는 편이 좋다. 세간에 너무 낙관적인 기사와
보도 등이 넘쳐나는 듯하면 '아니, 그렇게 다 잘될 리가 없어' 하고
마음 한편에서 의심하는 편이 좋을지도 모른다.

071

세계에서 고위험성 투자를
가장 선호하는 나라는 어디일까

프린스턴 대학교(미국)

● ●

중국인은 자국이 세계에서 제일이라고 생각하며 매사에 강경한 태도를 보인다. 아마 자신이 지거나 뒤떨어진다는 생각은 별로 하지 않을 것이다. 주식 투자에서도 마찬가지로 이러한 강경한 태도를 보인다.

일본인은 주식을 그다지 좋아하지 않고 은행이나 우체국에서 예금이나 적금을 들기를 좋아하지만, 중국인은 투자를 매우 좋아한다. '나라면 벌 수 있다'고 생각하기 때문일 것이다.

주식 리스크에 관해서도 중국인은 '별로 리스크를 느끼지 않는다'고 알려져 있다. 그래서 적극적으로 투자할 수 있는 것이다.

프린스턴 대학교의 엘케 웨버는 몇몇 나라 사람들에게 투자처의 리스크를 평가받는 연구를 하고 있다. 투자처 12곳에서 얻을 수 있는 이익과 잃을 확률을 알기 쉽게 표시했다. 쉽게 리스크를 판단할 수 있도록 한 것이다. 그리고 각각의 투자처에 100점으로 리스크를 평가하는 한편, 얼마를 투자하고 싶은지 물어봤다. 그 결과는 다음 표와 같다.

	느껴지는 리스크(100점)	얼마나 투자할까?
미국인	52.2	320달러
독일인	47.4	315달러
폴란드인	46.8	352달러
중국인	41.9	487달러

(출처 : Weber, E. U., & Hsee, C., 1998)

　중국인들이 같은 투자처에 대해서도 별로 리스크를 느끼지 않고 적극적으로 투자하고 싶어 한다는 사실을 알 수 있다. 개인적으로 미국인들이 주식을 좋아하는 줄 알았는데, 이 연구만 봐서는 돈을 잃는 것이 두려워서 투자를 잘 안 하는 것 같다.

　일본인은 대부분 아주 조금이라도 리스크가 있으면 하고 싶지 않아서 돈은 일단 전부 은행에 맡겨두자는 발상에 이른다. 그래서 돈이 잘 회전하지 않는다. 그런 점에서 중국인들은 적극적으로 자산을 운용하는 듯하다. 어느 쪽이 좋거나 나쁘다가 아니라 이런 국민성 차이도 흥미롭다는 이야기이다.

생각하나
바꿨을
뿐인데

072

자신감을 잃으면 이를 되찾기 위해 소비한다

홍콩 중문 대학교(중국)

· ·

화장품이나 미용품에 돈을 들이는 사람은 어떤 사람일까? 젊음과 미모에 자신감을 잃고 이를 되찾고 싶은 사람이다.

일반적으로 우리는 잃어버린 자신감을 찾아줄 것 같은 상품이나 서비스에 돈을 쓴다.

이를 뒷받침하는 데이터를 소개하겠다.

홍콩 중문 대학교의 레이레이 가오는 학생 81명에게 주로 쓰는 손이나 반대쪽 손으로 자신이 지적인 사람으로 보이도록 자기 어필을 하는 글을 쓰게 했다.

반대쪽 손으로 써야 하는 그룹은 당연히 잘 쓸 수 없어서 답답해했다. 이는 '나는 지적인 사람'이라는 자신감을 흔들기 위한 실험이다.

작업을 마친 다음 참가자에게 사례로 볼펜이나 사탕을 고르도록 했다. 사전 조사를 통해 볼펜이 '지성'과 결부됨을 확인해 두었다.

그러자 지성에 자신감이 흔들린 그룹에서는 볼펜을 선택하는 사람이 77.8%나 됐지만, 주로 쓰는 손으로 지성적인 자기 어필 글을 써 자신감이 흔들리지 않은 그룹에서 볼펜을 선택한 사람은 42.9%에 불과했다. 자신감이 흔들리지 않았기에 굳이 볼펜을 선택해 자신감을 되찾을 필요도 없었기 때문이다.

이 실험에서 알 수 있듯이, 우리가 상품이나 서비스를 살 때는 잃어버린 자신감을 되찾고 싶은 마음이 있는 경우가 많다.

경제계에서는 소비자들의 이런 심리를 '콤플렉스 마케팅'으로 활용해 판매 촉진에 연결하려는 시도를 꾸준히 해왔다. 무엇보다 모든 것이 완벽하게 갖춰진 소위 완전한 사람에겐 무엇을 사서 자신의 부족함을 메운다는 것이 별 의미가 없게 느껴진다. 이보다는 무언가 남보다 작거나 모자라고 평균 이하의 어떤 구석이 자신에게 있을 때 이를 커버하거나 보완하기 위해 물건을 구매하거나 어떤 상태를 보완하려는 것이 일반인들이 제품을 사는 소비심리일 것이다.

그래서 오래전부터 마케팅 기법으로 잘 활용된 것들은 크게 VIP 마케팅이거나 루저 마케팅인 경우가 대부분이었다. 이중에서 루저 마케팅을 십분 발휘한 사례들은 '키 작은 사람들을 위한 키 커 보이는 신발'이라든가 '비만인 사람들만을 위한 빅사이즈 패션', '글자가 큰 책' 판매 등 평균치보다 못 미치는 사람들을 위한 제품 판매 전략이었다. 또한 동서고금을 막론하고 신데렐라 이야기나 춘향전 같은 고전 이야기의 원본은 예외없이 못생긴 추녀거나 가난한 여인들의 희망을 담은 이야기가 원전인 경우도 이에 해당된다고 하겠다.

큰 자동차만 즐겨 구매하는 사람들은 어쩌면 자신의 키가 작다거나 체격이 초라하다거나 하는 육체적인 콤플렉스를 느끼며 이를 보상하고자 하는 마음에 큰 자동차를 선호하는 것일 수도 있다. 본인은 눈치채지 못했을지도 모르지만 그럴 가능성은 충분하다.

자신을 매우 좋아하고 자기혐오 등을 전혀 느끼지 않는 사람은 자신감을 되찾기 위한 소비를 그렇게 필요로 하지 않을 테니 상품에 그다지 구애받지 않으리라 예상할 수 있다.

무언가에 구애된다는 말인즉슨 고집해야 할 이유가 있다는 뜻이고, 그 이유는 바로 잃어버린 자신감을 되찾는 일이다.

073

남성은 친구와 함께할 때 돈을 많이 쓴다

피츠버그 대학교(미국)

· · ·

남성은 허세를 부리는 구석이 있어서 다른 남성 친구와 함께 놀면 그만 돈을 탕진하고 마는 경향이 있다. '쩨쩨한 남자라고 여겨지기 싫어', '구두쇠 같은 녀석으로 보이고 싶지 않아' 하는 마음이 드는 것이다.

피츠버그 대학교의 디뎀 커트는 남성 43명, 여성 44명에게 5달러를 주고 원하는 물건을 사 오도록 하는 실험을 했다. 단, 혼자서 쇼핑하는 조건과 친구와 함께 쇼핑하는 조건을 설정했다.

그랬더니 여성은 혼자 쇼핑하든 친구와 함께하든 쓰는 돈이 거의 변하지 않았지만, 남성은 친구와 함께 있을 때 돈을 더 많이 쓴다는 사실을 알게 되었다.

여성은 금전 감각이 확고해서 원하지 않는 것에는 돈을 쓰지 않는다. 친구가 가까이 있든 말든 그런 이유로 현혹되는 일도 없는 것 같다.

남성은 혼자서 쇼핑할 때는 이성이 제대로 작용하는 모양이라 필요 이상으로 사지 않는데, 친구와 함께할 때는 다르다. 친구가 있으면 돈을 더 쉽게 사용하므로 주의해야 한다.

남성의 이러한 과시 욕구를 마케팅 전략에 응용해 매장이나 음식점에 적극 활용해보는 것은 어떨까? 남성들이 주로 찾는 주점이나 요리전문점에서는 친구나 동호회 남성끼리 가게를 찾을 경우에 다양한 혜택을 줘 남성 고객들을 훨씬 많이 확보하려는 전략을 쓰는 것이다. 또한 젊은이들이 많이 찾는 중저가 패션브랜드 매장이나 신발전문 매장에서도 또래 남성 친구끼리 가게에 들르면 특별 할인가를 부여해 친구나 동기 앞에서 과시하고 싶은 남성의 과잉 소비 욕구를 자극하는 판매 전략을 구사해보는 것도 좋은 마케팅 전략이 아닐 수 없다.

많은 가정에서 대체로 부인이 지갑의 끈을 쥐고 있고 남편은 부인에게 매달 용돈을 받지 않을까. 이는 매우 이치에 맞는 방법이다. 남성은 쓸데없이 돈을 써버릴 수도 있기 때문이다.

예를 들어 술을 마시는 상황에서 남성은 친구와 함께 먹고 마실 때 요리를 과하게 주문하는 일이 많다. 인색한 사람이라고 여겨지기 싫다는 심리가 작용해 배짱이 큰 모습을 보여주고 싶기 때문이다.

여성은 여성끼리 식사할 때 한두 가지 요리를 주문하고 그것으로 끝이다. 자신들이 다 먹을 수 없는 양의 요리를 주문하면 '그저 낭비'할 뿐이라고 생각한다.

독자가 남성이라면 쇼핑갈 때 가능한 한 혼자 가는 편이 좋겠다. 취미가 맞는 친구와 쇼핑하고 싶은 마음은 이해하지만 그러면 불필요한 지출도 각오해야 한다.

074

어떤 때 할인권을 사용하는 데 거부감을 느낄까

퀸스 대학교(캐나다)

· ·

누구라도 돈을 많이 내기보다 10원이라도 할인받는 편이 기쁘다. 할인 쿠폰이 있으면 꼭 사용하고 싶기도 하다. 그게 일반적인 반응이다.

그런데 사람이 항상 할인을 바라는가 하면 그렇지도 않다.

할인받을 때 '왠지 내가 싸 보일 것 같아'라는 생각이 들면 내심 할인을 받고 싶어도 할인되지 않기를 바라기도 한다.

예를 들어 연인과 첫 데이트를 할 때 그렇다. 이럴 때는 누구나 허세를 부리며, 할인권이나 쿠폰을 사용하지 않으려고 한다.

캐나다 퀸스 대학교의 로렌스 애시워스는 첫 데이트 때 레스토랑에서 저녁 식사를 즐기고 나온 순간을 상상하도록 했다. 그리고 다음 세 가지 조건으로 질문했다.

① 계산할 때 40달러를 냈다

② 계산할 때 지갑에 든 10% 할인 쿠폰이 떠올라 4달러 할인받고 36달러를 냈다

③ 가게에서 행사 중이었던 모양인지 10% 할인되어 36달러를 냈다

애시워스는 '얼마나 자신이 싸 보이는지' 물었는데, ① 조건에서는 전혀 그렇지 않다고 했으나 ② 조건에서는 ① 조건보다 약 두 배나 되는 사람이 '왠지 내가 값싸게 느껴진다'라는 기분이 든다는 사실을 알았다. ③ 조건에서도 다소 자신을 값싸게 느낀 듯하지만 ② 조건 정도는 아니었다.

우리는 할인을 좋아하면서도 예를 들어 연인과 데이트할 때 같은 경우에 이를 피하려고 한다는 사실을 알 수 있다. 자신이 값싸 보이고 싶지 않은 것이다.

참고로 애시워스는 쿠폰을 사용함으로써 '나는 현명한 사람이다'라는 기분이 더 드는지도 알아봤는데 그렇지 않았다. 쓸데없는 돈을 쓰지 않고 끝내면 현명한 일이라고 생각하지만, '자신은 똑똑한 사람이다'라는 기분까지는 들지 않는 모양이다.

075

누군가가 주문한 것은 고르기 어렵다

매사추세츠 공과대학교(미국)

· · ·

다 같이 식사하러 갔을 때 다른 누군가가 먼저 주문한 메뉴는 왠지 모르게 똑같이 고르기 어려울 때가 있다. 예를 들어 메뉴를 보고 '치킨 도리아가 좋겠어'라고 생각해도 다른 사람이 먼저 "난 치킨 도리아!" 하고 주문해 버리면 사실은 자신도 그 요리가 먹고 싶어도 "그럼 나는 돈가스 샌드위치로"라고 하는 경우가 많다.

"나도 같은 것으로"라고 말하면 좋겠지만 안타깝게도 우리에게는 '독자적이고 싶다', '남들과는 다르고 싶다'는 마음도 있어서 다른 사람이 주문하면 같은 것을 고르기 어렵다.

매사추세츠 공과대학교의 댄 애리얼리는 어느 맥주 공장에 병설된 레스토랑에서 같은 것을 고르기 어려워하는 사실을 실험으로 검증했다.

애리얼리는 여러 명이 함께 식사하는 테이블에 말을 걸어 "지금 무료 샘플 맥주를 드리고 있어요."라고 말하며, 네 종류의 맥주 중에서 한 명씩 마음에 드는 것을 고르라고 했다.

그러자 처음에 고른 사람은 자기가 좋아하는 맥주를 고를 수 있었지만, 두 번째 이후의 사람은 먼저 선택된 맥주와 다른 맥주를 골랐다.

어쩌면 나중에 고른 사람은 처음부터 먼저 고른 사람과 다른 맥주를 선택하려고 했을지도 모른다. 그런데 맥주를 즐기고 나서 맛에 대한 평가를 10점 만점으로 부탁하자 처음에 맥주를 고른 사람은 평균 7.26점이라는 점수를 주었는데, 나중에 고른 사람의 평균 점수는 6.48점이었다.

먼저 고른 사람은 자기가 좋아하는 것을 선택할 수 있어서 그 맛에도 만족할 수 있지만, 나중에 고른 사람은 '남은 것' 중에서 골라야 한다. 그래서 별로 만족스럽지 않을 것이다.

우리는 다른 사람과 같은 것을 고르고 싶어도 어쩐지 다른 것으로 골라야 한다는 생각이 든다.

손님의 돋보이고 싶은 심리를 활용해 음식 매장에서 메뉴를 선택할 때 메뉴판을 각각 다르게 구성해서 손님에게 고르게 하는 방법은 어떨까. 가령 A메뉴판에는 맥주 종류가 B-C-D-A 순으로 구성돼 있다면, B메뉴판에는 D-A-B-C 순으로 맥주 종류를 다르게 표기해 놓는 것이다. 마찬가지로 C메뉴판과 D메뉴판을 만들어 손님이 메뉴를 고를 때 각각 다른 메뉴판을 보여주고 선택하도록 하는 것이다. 그러면 앞의 사례처럼 다른 사람이 먼저 선택했거나 같이 온 동료 중 누가 먼저 내가 먹고 싶은 것을 선택했다고 하더라도 자신은 다른 메뉴판에서 같은 음식을 선택해 당당하게 먹을 수 있지 않을까.

무엇보다 내 돈을 지불하고 음식이나 제품을 고를 때에는 남이 안 고른 것들을 선택하고 싶은 것이 사람들의 기본 인정 욕구일 것이다. 그래서 서비스하는 직원 입장에서도 손님의 선택이나 취향을 존중하고 기분이 상하지 않도록 배려하는 자세를 가져야 진짜 서비스정신을 발휘하는 직원이라고 할 수 있을 것이다.

사실 그런 데에 신경 쓸 필요는 없으며, 자신이 원한다면 다른 사람이 먼저 주문했어도 "나도 같은 것으로" 하고 말하는 편이 좋다. 나중에 "역시 당신이 부탁한 것과 같은 것으로 해야 했는데" 하고 후회하는 일이 없도록 말이다.

076

시장조사에서는 대답보다 대답하는 데 걸린 '시간'에 주목한다

인디애나 대학교(미국)

• •

신상품을 개발하고 그것이 히트할지 확인하는 마케팅 조사를 하게 되었다고 하자. "이 상품이 좋으세요, 싫으세요?" 물어보는 것이다.

마케팅 조사를 그다지 믿을 수 없다고 하는데, 그것은 조사한 사람의 '대답'만 알아보려고 하기 때문이다. 마케팅 조사 자체가 무의미한 것이 아니라 방식이 틀린 것이다.

조사에서 중요한 점은 대답보다 오히려 대답하는 데 걸린 시간이다.

이를 조사하는 편이 호불호를 훨씬 잘 알 수 있다.

인디애나 대학교의 러셀 파지오는 스니커즈와 닥터 페퍼 등 100가지 상품을 최대한 빨리 '좋아하는지 싫어하는지' 판단하는

생각 하나
바꿨을
뿐인데

실험을 했다. 이때 대답하는 데 걸린 시간을 측정해 두었다.

"마음에 드는 상품을 하나 고르세요."

실험이 끝나고 고르게 하자 '좋아하는지 싫어하는지' 물었을 때 망설임 없이 순식간에 대답한 상품일수록 쉽게 고른다는 사실을 알 수 있었다.

똑같이 '좋아한다'고 대답했어도 대답하기까지 상당한 시간이 걸렸다면 사실은 '좋아한다'는 말이 아니다. 정말 좋아한다면 대답하는 데까지 시간이 걸리지 않을 테니 말이다.

파지오에 따르면 대답하기까지의 반응 시간이 빠를수록 미래 행동을 예측하는 데 도움이 된다고 한다. 반대로 대답하기까지의 반응 시간이 느렸다면 그 대답은 전혀 신용할 수 없다고 할 수 있다.

'마케팅 조사 따위 믿을 수 없다'는 사람은 아마 대답만으로 그 상품을 살지 어떨지 예측하려고 했을 것이다. 사실 대답 자체보다 대답에 걸린 시간을 알아보는 편이 정말 좋아하는지, 정말 살 것인지 더욱 정확하게 예측할 수 있다는 점을 알아두자.

077

사춘기가 되면 쇼핑 행동은 어떻게 달라질까

맨체스터 경영대학원(영국)

● ● ○

맨체스터 경영대학원의 스튜어트 로퍼는 7세, 11세, 14세 아이들의 도시락 취향을 연구했다.

조사를 통해 7세 아이는 부모가 만들어준 것에 전혀 불평하지 않는다는 사실을 알 수 있었다. 물론 자신이 싫어하는 음식이 도시락에 들어 있다면 나중에 부모님께 불평이야 하겠지만, 기본적으로는 부모가 만들어주는 도시락에 아무런 불만을 품지 않았다.

그런데 11살이 되면 달라진다.

"친구들이 이 도시락이 맛있어 보인다고 할까?"

"친구들이 전에 이 도시락이랑 비슷한 것을 먹었던가?"

이와 같은 판단 기준으로 생각하기 시작하는 것이다. 14살도 마찬가지다.

생각 하나
바꿨을
뿐인데

대체로 초등학교 고학년 정도가 되면 '친구들의 시선'이 신경 쓰이기 시작한다고 할 수 있다.

쇼핑 행동도 마찬가지다. 대체로 초등학교 저학년 정도까지의 아이는 부모가 사온 옷을 아무 불평 없이 입지만, 조금 더 크면 자기 취향을 분명하게 주장한다. "○○를 갖고 싶어!" 하고 말이다. 다만 그것이 정말 자기 취향인가 하면 그렇지 않다. '친구들이 어떻게 생각하는가'를 강하게 의식한 선택이나 결정인 경우가 많다.

보통 아이들에게 자아성취감이 생기는 시기는 '사춘기'가 온 시점이라고 한다. 그리고 이때가 되면 자신의 취향도 존중하면서 또래 아이들의 반응이나 판단에도 신경을 쓰는 나이가 된다.

따라서 고학년 아동들의 제품을 취급하는 기업이라면 이 또래 아이들의 좋아하는 취향이나 트렌드, 색상, 싫어하는 경향 등을 면밀히 고려해 제품을 내놓는다면 또래 아이들이 어렵지 않게 제품을 선택할 수 있게 될 것이다. 또한 음식이나 학용품 같은 것들은 부모들이 강조하는 조금은 교육적인 제품보다는 비교육적이더라도 아이들이 선호하는 제품의 취향이나 색상, 촉감 등을 고려해 제품을 내놓는다면 의외의 호응을 얻을 수도 있지 않을까. 우리가 우스갯소리처럼 말하는 '초등학교 가기 전 모든 여자아이들은 분홍색 꿈을 버리지 못한다'는 속설이나 '아이들은 채소는 무조건 안 먹는다'는 속성을 그저 흘려들을 것이 아니라, 왜 아이들은 그런 것들을 좋아하고 싫어하는지를 파악해서 제품 구성이나 매장에서의 진열에 고려함이 더 나은 마케팅 전략이 아니겠는가.

나 자신을 생각해 봐도 사춘기 시절에는 여하튼 주위의 시선이 신경 쓰여서 손목시계를 살 때도, 가죽 신발을 살 때도, 코트를 살 때도 친구가 어떻게 생각하는지를 계속 신경 썼었던 것 같다.

　음악 취향도 마찬가지로 친구들이 듣는 CD를 따라 사는 경우가 많았다. 나는 음악 감상을 그다지 즐기지 않으나 사춘기 때는 어째서인지 친구가 좋아하던 아이돌의 CD를 나도 덩달아 샀다(웃음).

　사춘기 아이는 여러 가지로 까다로워서 부모에게 이것저것 자기 취향을 주장하는데, 그런 취향이 정말 자신의 취향인가 하면 그렇지 않다. 친구에게 영향을 받은 취향인 셈이다. 따돌림을 당하고 싶지 않거나 친구에게 바보 취급을 받고 싶지 않다는 심리로 이런저런 불평을 하는데 뭐, 아이가 다소 제멋대로 굴어도 용서해 주자. 이는 누구나 겪는 '홍역' 같은 것이니 말이다. 조금 더 크면 친구의 영향을 별로 받지 않게 된다.

**생각하나
바꿨을
뿐인데**

078

앞으로 미국에서 새로운 비즈니스 모델과
상품이 탄생하기 어려워진다!?

월리엄메리 대학교(미국)

● ● ○

미국이라고 하면 항상 새로운 상품과 서비스가 빠르게 탄생하는 나라이고, 일본은 미국에서 개발한 것을 잘 개선해 나가는 나라라는 인상을 받는다.

그런데 그랬던 미국에서 앞으로는 새로운 상품과 서비스가 생겨나기 어려워질 것으로 우려하는 논문이 발표되었다. 그렇게 지적하는 사람은 바로 미국 월리엄메리 대학교의 김경희다.

김경희는 1974년부터 2008년까지 미국 전역에서 대표적인 샘플 27만 2,599명분의 창의력 테스트 데이터를 분석해보았다. 그러자 1990년 이후 IQ는 오르는데 창의력 테스트의 득점은 오히려 감소하고 있었다. 특히 유치원생부터 초등학교 3학년까지의 감소가 현저했다.

왜 미국 아이들의 창의력이 낮아지고 있는 것일까?

그 이유는 '아이들이 밖에서 놀지 않게 되었기' 때문이다.

옛날 아이들은 밖에서 실컷 놂으로써 창의성 있는 놀이를 스스로 고안하거나 친구들과 재미있는 게임 규칙을 마음대로 만들어내면서 즐겼다. 이런 과정에서 창의성이 자극되었다.

그런데 시대가 바뀌어 아이들은 어릴 적부터 공부만 하게 되었다. 이래서야 머리는 좋아질지 몰라도 창의성은 높아지지 않는다. 고로 향후 미국에서 혁신적인 비즈니스 모델과 상품이 탄생하기 어려워질 것으로 예상할 수 있는 것이다.

문제는 창의성이라는 것이 학교에서 책을 더 많이 읽거나 독서만 열심히 해서 생기는 것이 아니라는 점이다. 무엇보다 어릴 적 집 밖으로 나가 공터에서 흙을 만지며 아이들과 또래끼리의 규칙도 만들고, 즉시 즉시 노는 현장에서 쓰일 수 있는 룰도 만드는 등 정해진 틀이 없는 상태에서 주체적으로 무언가를 도모하는 데서 아이들의 창의력은 생겼다. 이것을 학원에 가둬두고 학교공부만 강요하는 방식의 고정된 틀 안에서만 사고하게 만드는 순간 아이는 모범적인 평범한 학생으로 고착되고 마는 것이다. 일본이나 미국, 이웃나라 한국에서 요즘 교과서에 있는 내용은 잘 이해하면서 조금만 다른 응용이 필요한 상황이나 지문을 주면 아이들이 이해하지 못하는 상황도 다 이러한 고정화된 공부 패턴 때문에 벌어지는 웃지 못할 해프닝이 아닐 수 없다.

따라서 앞으로의 4차 산업혁명 시대에 AI와도 생활하고 로봇과도 소통해야만 할 미래의 인재들은 기본적인 학습력을 바탕으로 불확실한 상황 속에서도 저만의 해법으로 생활해야 하는 독창적인 생활법이 꼭 필요한 법이다. 이를 위해서라도 지금부터 너무 많은 학습량보다는 적당한 학습량을 바탕으로 혼자 생각하고 또래들과 부딪치며 문제를 해결하는 능력을 키우는 야생적 방임학습법도 심각하게 고려해 봄직한 때가 되었다고 본다.

일본에서도 사정은 마찬가지다. 요즘 아이들은 거의 밖에서 놀지 못하고 애초에 공부만 하느라 놀 시간이 없다. 미국 아이들과 똑같다. 그렇다는 말은 일본도 미국처럼 창의성이 필요한 비즈니스를 할 수 없게 될지도 모른다. 왠지 불안감이 엄습하지만 충분히 가능성이 있는 이야기다.

079

아이들은 TV 광고에서 본 상품을 갖고 싶어 한다

마운트 시나이 아이칸 의과대학(미국)

● ○

아이는 TV 광고에서 본 것을 갖고 싶어 한다. 그런 의미에서 어른보다 TV 광고에 약하다고 할 수 있다. 비판 능력이 발달하지 않은 점도 이와 관련이 있을 수도 있다.

미국 마운트 시나이 아이칸 의과대학의 디나 보르제코브스키는 2세에서 6세 사이의 아이들을 모아 어린이용 TV 프로그램 비디오를 보여줬다.

단, 비디오에는 두 종류가 있었는데 30초짜리 광고가 든 버전과 모든 광고를 뺀 버전이 있었다.

프로그램을 보고 나서 여러 카테고리에서 비슷한 상품을 아이들에게 보여주며 "어떤 것이 갖고 싶어요?"라고 물어봤다.

그러자 TV 광고에서 상품을 본 아이들은 바로 그 광고에 나왔던 상품과 같은 것을 고른다는 사실을 알게 되었다.

실제 데이터는 다음 표와 같았다.

광고에서 나온 상품을 선택하는 비율

	광고를 봄(20명)	광고를 보지 않음(19명)
주스	74%	48%
샌드위치	70	44
도넛	30	17
사탕	57	39
패스트푸드 치킨	57	44
과자 케이크	65	52
조식용 시리얼	35	35
장난감	61	65
땅콩버터	39	35

(출처 : Borzekowski, D. L., et al., 2001)

몇 가지는 통계적으로 차이가 없기도 했지만, 전체적으로 아이들은 광고에서 본 상품을 원한다는 명확한 경향을 보였다.

아이는 광고의 영향을 받기 쉽다고 할 수 있다.

아이들에게 폭력적인 TV 프로그램을 그다지 보여주지 않는 편이 좋다는 것은 TV 내용을 그대로 믿기 쉬워서 아이가 악영향을 받을 것이 우려되기 때문이다.

080

미식의 진화론
– 몸에 좋은 것을 맛있게 느끼도록 진화해 왔다

코넬 대학교(미국)

● ● ●

'다위니언 개스트로노미(Darwinian gastronomy)'라는 전문용어가 있다.

직역하면 '다윈주의적인 미식학'이라는 말인데 우리는 건강에 좋을 듯한 것, 즉 자신의 생존율을 높여주는 요리를 맛있게 느끼도록 진화해 왔다고 한다.

예를 들어 열대의 따뜻한 나라에서는 아무래도 음식이 쉽게 썩는다. 세균이 번식하기 쉬운 기온 환경이기 때문이다. 그래서 그런 나라에서는 세균을 죽이는 다양한 허브와 향신료를 사용한 요리가 발달했다.

열대 국가에서 목숨을 지키려고 향신료를 많이 사용하는 것은 이치에 맞는 일이다. 따라서 그런 나라 사람들은 '향신료가 맛있다'

고 느끼도록 진화해 왔을 것이다.

코넬 대학교의 폴 셔먼은 36개국에서 발간된 요리책을 각국에서 두 권씩 모아와 각 나라의 전통적인 음식 레시피를 조사해보았다. 동시에 각 나라의 연간 평균 기온도 알아봤다.

그러자 다음과 같은 관계가 드러났다고 한다.

		연간 평균 기온(℃)	레시피별 향신료 개수
상위 5개국	태국	27.6℃	4.6
	필리핀	27.0℃	3.0
	인도	26.9℃	9.3
	말레이시아	26.9℃	5.4
	인도네시아	26.8℃	6.9
하위 5개국	덴마크	8.3℃	1.9
	폴란드	7.8℃	0.3
	스웨덴	5.4℃	2.5
	핀란드	3.0℃	2.1
	노르웨이	2.8℃	1.6

(출처 : Sherman, P. W. & Billing, J., 1999)

기온이 높은 나라에서는 다양한 향신료를 사용한다.

인도인들은 수많은 종류의 향신료를 조합하여 카레를 만드는

데, 그들이 향신료를 좋아하는 이유는 많이 사용해야 해서 향신료를 맛있게 느끼도록 진화해 왔기 때문이라고 본다. 또한 인도만큼은 아니어도 동남아시아의 열대 지역에 있는 인도네시아와 말레이시아에서도 비교적 향신료가 다양하게 발달돼 있었다.

이러한 음식의 진화론적 성취는 각 나라별 지역특산물과도 연계돼 그 나라만의 독특한 음식 미향을 발달시켜 왔다. 해산물과 육류가 두루 나오는 이탈리아의 시칠리아나 볼로냐 지역에는 해산물과 육류의 풍미를 더욱 돋구는 향신료 요리가 두루 나오고 있고, 멕시코나 페루 같은 중남미 국가의 산악지대에는 그 지대에만 나오는 매운 고추를 비롯한 매운 야채를 주재료로 삼고 톡 쏘는 향신료를 첨가한 독특한 매운 요리가 발달해 있다. 이처럼 비교적 온화한 기후대의 나라의 음식보다 더운 지역의 나라의 음식들이 좀 더 강하고 특별한 향신료가 많이 들어가 있음을 알 수 있다.

081

여성의 월경주기와 소비 행동의 변화

컨커디어 대학교(캐나다)

• •

여성은 월경주기에 따라 기분 변화가 큰데도 어째서인지 소비자 심리학에서 연구주제로 삼는 경우는 별로 없다.

그런 가운데 드물게 여성의 월경주기와 소비 행동을 조사한 연구가 있어 소개하고자 한다.

캐나다 컨커디어 대학교의 가드 사드는 35일 동안 매일 여성에게 쇼핑 기록을 받으면서 월경주기도 알려달라고 했다.

그랬더니 임신하기 쉬운 시기에는 옷이나 미용품에 관한 지출이 증가하고, 그 외의 시기에는 음식에 관한 지출이 상대적으로 증가하는 것으로 나타났다.

여성은 임신하기 쉬울 때는 가능한 한 남성을 매혹할 수 있는데에 돈을 들이는 것이 합리적이다. 남성을 매혹하는 데 가장 빠른 방법은 우선 보기 좋게 꾸미는 것이다. 그래서 여성은 임신하기 쉬운 시기에는 옷이나 화장품을 사는 것이 아닐까.

그 외의 시기에 여성은 미래의 임신, 출산에 대비하여 충분히 영양을 비축해 두는 편이 좋다. 그렇기에 임신하기 어려운 시기에는 음식에 관한 지출이 상대적으로 증가하는 것이 아닐까 싶다.

이러한 여성의 월경주기를 고려한 매장 판매 전략을 세운다면 특정 계층의 여성을 타깃으로 한 맞춤형 고객 마케팅이 주효할 수 있을 것이다. 즉 각 지역별로 가임기 여성층이 많이 거주하는 지역을 조사하고 부부의 2세 계획이 있는 가정을 공략해, 임산부의 입맛을 고려한 특별한 음식상품을 구비해 놓는 것이다. 가령 한겨울에 봄딸기를 구비해 임산부의 요구에 맞춘다거나 다양하게 구비된 신 음식(레몬, 사과, 각종 신 과일 등)을 마련해 놓았다는 임산부 가정용 특별 레시피 전단지를 만들어 해당 가정에 전달하는 것도 괜찮은 홍보 전략이 될 수 있을 것이다.

우리는 보통 기분 변화에 따라 소비 행동이 달라진다.

어쩌면 남성에게도 여성과 비슷한 기분 변화 주기(바이오리듬 같은)가 있고, 날에 따라 소비 행동이 다를 수도 있다. 이를 과학적으로 검증해 나가는 것도 중요한 일인데, 어째서인지 연구가 별로 이루어지지 않았다.

082

여성이 비싼 물건을 쉽게 구매할 때

텍사스 대학교(미국)

· ·

여성의 소비 행동 변화에 관한 또 다른 연구를 소개할까 한다.

텍사스 대학교의 크리스티나 듀란테는 여성 309명을 모집하여 (평균 27.8세) 앞서와 마찬가지로 임신하기 쉬운 시기(월경주기로 하면 8일 차부터 14일 차)와 그 외의 시기(1일 차부터 7일 차, 그리고 15일 차부터 28일 차)에서의 소비 행동 변화를 조사했다.

듀란테에 따르면 임신하기 쉬운 시기에는 다른 여성과의 성 경쟁에서 이기고자 자신의 지위를 높일 수 있는 것(반지 등)에 돈을 쓰려 한다고 한다.

듀란테는 이 가설을 검증하고자 7천 달러짜리 반지와 5천 달러짜리 반지 중 하나를 고르는 실험을 했는데, 임신하기 쉬운 시기의 여성은 42.5%가 7천 달러짜리 반지를 사고 싶다고 답했지만 그 외의 시기의 여성은 28.8%만이 7천 달러짜리 반지를 선택했다.

평소 여성은 비교적 절약하는 편이라고 할까. 야무져서 그렇게 비싼 물건을 원하지 않는다. 대단한 셀럽이라면 다르겠지만 말이다. 대부분 '저렴한 것으로 충분하다'고 생각할 것이다.

그런데 임신하기 쉬운 시기에는 약간 다른 듯하다. 이럴 때는 비싼 물건이라도 쉽게 구매할 위험성이 있으니 주의하자. 갑자기 고가의 반지 등을 샀다가 나중에 후회하는 일이 없도록 하자.

비싼 것을 몸에 지니고 가능한 한 차려입어야 남성에게 인기가 있을까 싶어 충동적으로 비싼 물품을 샀겠지만, 특별히 비싼 것을 몸에 두르지 않아도 남성에게 인기가 있으니 안심하기를 바란다.

남성은 여성보다 브랜드에 대해 잘 모르고 비싼 액세서리와 저렴한 액세서리도 구별할 수 없어서 비싼 것을 별로 착용할 필요도 없지 않을까.

083

남성은 미녀를 봤을 때 돈 낭비에 주의하라!

애리조나 주립대학교(미국)

● ○

　남성은 매력적인 여성을 만나면 주의해야 한다. 평소보다 지갑을 꼭 여며두지 않으면 돈을 많이 쓰려고 하기 때문이다.

　남자는 언제 돈을 쓰고 싶어질까. 바로 여성에게 인기가 있음을 의식했을 때이다. 이럴 때 남성들은 어째서인지 돈을 많이 쓰려고 하는 것으로 알려졌다.

　애리조나 주립대학교의 블라다스 그리스케비치우스는 대학생 남녀 159명을 대상으로 남성이 이성을 의식하면 돈을 쉽게 쓴다는 사실을 검증했다.

　먼저 그리스케비치우스는 학생을 두 그룹으로 나누고, 한쪽 그룹에는 컴퓨터 화면상에서 매력적인 이성을 세 명 보여주며 각 인물과의 데이트를 생각하도록 지시했다. 다른 그룹에는 거리 풍경

사진을 보여주고 걷기 좋은 날씨를 생각하도록 지시했다.

작업이 끝나고 두 그룹 모두에게 자동차, 손목시계, 식사 등에 돈을 얼마나 들이고 싶은지 물어보았다.

그러자 남성은 매력적인 여성을 본 후에 더 많은 돈을 쓰려고 하는 것으로 나타났다. 여성에게서는 그런 현상을 볼 수 없었다.

남성은 멋진 이성을 보면 아무래도 돈을 쓰고 싶어지는 것 같다. 대담한 모습을 보여주고 자기 어필을 하고 싶은 것일까. 이에 관한 메커니즘은 자세히 모르겠지만 어쨌든 돈을 낭비하지 않도록 주의하자.

이러한 남성의 여성 앞에서의 매력 어필 욕구를 매장 마케팅 전략으로 활용해도 훌륭한 판매 증가 효과를 올릴 수 있을 것이다. 이런 남성의 과시 욕구를 매장 판매 전략으로 십분 활용하고 있는 곳은 백화점의 남녀 의류 매장이다. 특히 고급 여성복 매장에는 남성 고객들이 편하게 옷을 쇼핑할 수 있도록 품위 있고 편리한 남녀 연인들을 위한 특별매대를 설치해 놓은 백화점들이 꽤 있다.

남성은 남성 친구와 함께 있을 때 평소보다 돈을 더 쓰고 싶어 한다는 사실도 알려졌고, 이성을 본 후에도 돈을 쓰고 싶어 한다. 그러니 남성은 돈을 너무 많이 가지고 다니지 않는 편이 좋을 수도 있다. 신용카드는 집에 두고 불필요한 지출을 하지 않도록 조심해야 한다는 점을 명심하자.

084

자란 가정환경이 소비 행동에 미치는 영향

위스콘신 대학교(미국)

· ·

미국에서는 결혼한 부부 두 쌍 중 한 쌍(50%)이 이혼한다고 한다. '엄청나네' 하고 놀라웠다. 일본도 점점 미국 유형에 가까워지고 있고, 최신 통계를 보면 이혼율은 30%가 넘었다. 이 또한 놀랍다.

그렇다면 이혼으로 아버지와 어머니 중 한 명밖에 없는 가정이 늘고 있다는 말인데, 그러한 가족구조가 우리의 소비 행동에 어떤 영향을 미치거나 하지는 않을까.

위스콘신 대학교의 아릭 린드플레이시는 이 주제에 관하여 조사한 결과, 부모가 이혼한 가정에서 자란 사람에게는 다음과 같은 두 가지 경향이 있음을 발견했다.

① 물질주의적이다

② 충동 구매를 하는 경향이 있다

물질주의적인 사람의 성격으로 '물건을 많이 사기를 좋아한다', '돈이 많으면 행복할 수 있다고 믿는다'와도 같은 특징을 들 수 있다. 여하튼 집안이 물건으로 넘치면 행복하다고 느끼는 사람이다. 부모가 이혼하면 이런 성격을 보이는 어른이 되기 쉽다고 한다.

충동 구매하는 경향도 보인다. '갖고 싶다'라는 생각이 들면 무조건 그것을 손에 넣고자 하고, '조금 참았다가 사면 된다'라는 억제가 들지 않는 듯하다.

아마 마음 어딘가에 불만을 품고 있어서 이를 해소하려고 충동적인 쇼핑을 하는 것이 아닐까 싶다. 쇼핑하면 마음이 일시적으로 개운해지니 말이다. 마음에 불만이 없는 사람은 원하는 것이 있어도 나름대로 자제한다.

최근에는 아이를 응석받이로 키우고 아이가 원하는 장난감을 무엇이든지 사주는 부모도 많은 듯한데, 그런 가정에서 자란 아이는 아마 어른이 되고 나서 역시 충동적으로 무엇이든 손에 넣고 싶어 하는 어른이 될 것이다.

부모의 훈육이나 행동이 앞으로 자녀의 소비 행동에 미칠 영향을 생각하면 역시 육아에는 여러 가지로 신경 써야 할 점이 많다.

085

고가의 물건을 몸에 두르기만 해도
손쉽게 '자신감'이 붙는다

틸뷔르흐 대학교(네덜란드)

• •

나중에 소개할 내용처럼 부자가 될수록 거만하고 제멋대로 굴기 쉬워지는데, 자신감이 없는 사람도 부자를 흉내 내어 값비싼 명품 등을 몸에 두르면 자신에게 자신감을 느끼게 될까?

'설마 그렇게 간단히는 안 되겠지'라고 생각할 수도 있지만, 아무래도 실제로는 효과적인 듯하다.

네덜란드 틸뷔르흐 대학교의 롭 넬리센은 사치스러운 소비를 하면 자신의 위상이 높아진 것 같아 마치 성공한 사람이 된 듯한 자신감이 생긴다고 지적했다. 사람들과 대화할 때도 '나는 대단한 사람이야' 하는 자신감을 가질 수 있다고 한다.

명품 제품을 착용하면 그런 이점을 누릴 수 있다.

이처럼 사치스러운 제품이나 고급 명품을 사면 자신의 프라이드가 올라가는 것으로 생각하는 사람들이 많이 사는 지역에서는 이런 소비 욕구를 마케팅에 활용한 매장들을 쉽게 찾아볼 수 있다. 하루아침에 부자 대열에 합류한 지역의 아파트 촌이나 주식투자자와 주식컨설턴트가 많이 몰려 있는 지역에 명품숍이나 고급 패션 의류매장이 많은 것이 그 대표적인 사례 중 하나라 할 수 있다. 또한 유명 연예인이나 일류 학군이 몰려 있는 지역에 유난히 명품매장이나 고가 제품 한정 판매숍이 몰려 있는 것도 비슷한 이유로 설명될 수 있을 것이다.

자신감이 없어 고민하는 사람은 일반적으로 전문가에게 상담을 받으러 가는데, 그런 곳에 돈을 들이지 말고 차라리 고급 명품을 사러 가보면 어떨까. 비싼 옷을 입거나 고급 손목시계를 착용하는 것이 자신감을 키우는 데 효과적일 수도 있으니 말이다.

뉴욕 대학교의 마이클 솔로몬은 우울증인 사람에게 새 옷을 사라고 권하면 우울증이 낫기도 한다고 보고했다. 겉모습을 바꾸면 우리의 심리도 큰 영향을 받는 것이다.

생각 하나
바꿨을
뿐인데

086

고독하면 유대감을 느끼는
상품과 서비스를 찾는다

틸뷔르흐 대학교(네덜란드)

● ● ●

사람은 다른 사람들에게 따돌림을 당하거나 쌀쌀맞은 말을 들으면 쓸쓸한 기분이 든다.

그럴 때면 다른 사람과 '유대감'을 느낄 수 있는 상품을 갖고 싶어진다. '누군가와 연결되어 있다'는 사실을 확인하고 안도감을 얻고 싶기 때문일 것이다.

네덜란드 틸뷔르흐 대학교의 니콜 미드는 이 원리를 실험으로 확인했다.

미드는 대학생 30명을 둘로 나눠, 한쪽 그룹에만 실험 도우미(바람잡이)들에게 냉대받도록 했다. 서로 잡담을 나누는 실험에서 실험 도우미는 "당신과는 이야기하고 싶지 않아요."라고 말하고는 돌아가 버린다. 아무리 실험이라고는 해도 참가자들은 기분이 나빴을 것이다.

다른 한 그룹에서 실험 도우미는 "도저히 빠질 수 없는 일이 있어서 죄송하지만 가봐야겠어요."라고 이해할 수 있는 이유를 말한 다음에 자리를 떴다.

그리고 실험을 위해 만든 가게에서 쇼핑하라고 하자 실험 도우미가 쌀쌀맞게 대한 그룹에서는 53%가 대학 로고가 들어간 손목밴드를 사왔다. 대학 로고가 들어 있는 제품을 구매함으로써 '나는 대학의 일원'이라는 유대감을 느낄 수 있기 때문이다.

실험 도우미가 차갑게 대하지 않은 그룹에서 이것을 사온 사람은 13%에 불과했다. 특별히 냉대받은 적이 없어서 유대감을 바랄 필요도 없었을 것이다.

다른 사람에게 거부당하거나 외로움을 느낀 사람은 다른 사람과의 유대감을 바라는 듯한 상품과 서비스를 찾는 법이라고 할 수 있겠다.

다른 사람이나 지역에 비해 상대적인 왜소함을 느끼게 되는 요인들은 주로 중앙에 대해 지방에 산다거나 명문대에 비해 그보다 못한 중위권 대학에 다니는 학생, 부모가 다 있는 정상적인 가정에 비해 편모나 편부만 있는 결손 가정 등에서 자란 자녀 등이 상대적 열세의식에 많이 사로잡혀 있다. 이러한 왜곡된 열세감정은 주로 지방에 명품가게가 몰려 있다거나, 유난히 지방의 향우회가 더 끈 끈하고 활성화가 잘돼 있는 경우 등의 유별난 끼리 유대감 형성 성향으로 나타나곤 한다. 여기에 어린 시절을 불우하게 보냈거나 어

생각하나
바꿨을
뿐인데

렵게 자라서 성인이 돼 성공한 사람일수록 자신의 존재감을 드러 낼 수 있는 각종 동호회나 고급 취미 모임에 많이 가입하고 회원들과의 유대감도 더 깊게 가지는 것으로 나타났다.

스포츠 짐이나 수영장 회원이 되는 사람들도 몸을 단련하고 싶다기보다 '누군가와 어울리고 싶다'는 숨겨진 욕구를 가진 경우가 많다. 비싼 돈을 내고 회원이 되는 것은 누군가와 사이좋게 잡담을 나누고 싶기 때문이 아닐까. 이것이 본심인 듯하다.

만약 독자 여러분이 다른 사람에게 거부당하거나 냉대받았을 때 이상한 데서 회원 가입을 할 수 있으니 주의하자.

087

맥주의 세금이 높아지면 사회가 좋아지는 이유

에모리 대학교(미국)

● ●

보통 세금이 비싸지는 것을 환영하는 사람은 없다. 납세 의무는 모든 국민이 지켜야 할 의무이지만, 왠지 자신의 돈을 강탈당하는 느낌이 든다. 누구라도 돈을 빼앗기면 기분이 나쁜 법이다.

하지만 "세금이 높아지면 반가운 결과가 나올 수도 있어요."라고 지적하는 연구자도 있다. 누구에게나 '반가울' 리가 없는데, 도대체 무슨 말일까?

미국 에모리 대학교의 사라 마코위츠에 따르면 맥주 세금이 높아지면 반가운 결과를 불러온다고 한다.

'맥주가 왜?'라고 생각할 것이다. 맥주를 좋아하는 사람이 많으니 세금이 높아지는 것을 전혀 반길 리 없을 텐데 말이다.

마코위츠는 그 이유를 이렇게 말한다. 맥주 세금이 높아지면 당연히 판매량이 줄어든다. 그것은 이해가 간다. 그리고 맥주를 마시는 사람이 줄어들면 취객도 줄어든다. 뭐, 이것도 아주 자연스러운 흐름이다. 그리고 취객이 줄어들면 폭력 사건과 범죄도 줄어든다. 대체로 취객이 폭력 사건을 일으키기 마련이니 말이다.

즉 맥주 세금이 높아지면 폭력 사건과 범죄도 줄어든다는, 사회에 정말 반가운 결과를 낳는 것이다. 그뿐만이 아니다. 마코위츠에 따르면 놀랍게도 아동을 학대하는 여성도 줄어든다고 한다.

알코올 중독에 걸리기 쉬운 것은 남성이지만 여성은 맥주처럼 알코올 도수가 낮은 약한 술에도 쉽게 취하고, 취하면 아이를 학대하는 일도 늘어난다. 그런데 맥주 세금이 비싸져서 맥주 구매를 삼가고 그에 따라 취하지 않게 되면 아이를 학대하는 일도 줄어든다고 한다.

맥주 세금이 높아지는 것은 결코 반가운 일이 아니라고 생각하는 여러분. 조금 생각을 바꾸어 '뭐, 조금쯤 좋은 일도 있다'고 생각하면 만약 앞으로 맥주의 세금이 높아지더라도 슬며시 용서할 수 있는 마음이 들지 않을까. 매일 저녁 반주를 즐기는 사람에게는 용납할 수 없는 일일지도 모르지만 말이다.

THINK

표현할 수 없는 것을 표현하게 하는 성공법칙

Part 7

'행복'과 '풍요'를 손에 넣는
심리 법칙

O88

시간 절약에 돈을 쓴다

하버드 경영대학원(미국)

· ·

하버드 경영대학원의 애슐리 윌런스는 현대인들은 여하튼 시간이 부족하여 고민한다고 말한다. SNS도 해야 하고, 일도 해야 하고, 스포츠 짐이나 피부관리실에도 다녀야 하고, 어쨌든 시간이 없다.

그래서 윌런스는 시간을 절약할 수 있는 데에 돈을 쓰도록 하면 행복한 기분이 들지 않을까 하고 생각했다.

비록 걸어서 갈 수 있는 곳이라도 택시를 타면 그만큼 시간을 절약할 수 있다. 직접 요리해도 좋지만 외식하면 돈은 들어도 뒷정리하는 시간을 절약할 수 있다. 스스로 청소하지 않고 가사 도우미에게 부탁하면 그만큼 시간을 번다.

윌런스는 미국, 캐나다, 덴마크, 네덜란드에서 6,271명의 사람에게 일기를 쓰고, 하루를 마무리하며 어떤 일에 돈을 썼는지, 그리고 그날은 어떤 기분이 들었는지 기록하도록 부탁했다.

그 결과를 분석해보자 윌런스의 가설대로 시간을 절약하는 데 돈을 쓴 날에는 행복한 기분이 든다는 사실을 알 수 있었다.

어차피 돈을 쓸 생각이라면 당연히 자신이 기분 좋아질 수 있는 데에 쓰는 편이 좋다.

그러니 시간을 절약하는 데 돈을 쓰도록 하자. 그런 데서 돈을 너무 아끼면 안 된다. 그러면 독자 여러분도 행복해질 수 있다.

무엇보다 반복해서 처리해야 할 성가신 일들은 가급적 돈을 들여서라도 간편하게 처리할 수 있는 방법을 강구해보도록 하자. 그런 일 중에서 가장 먼저 해야 할 일은 복잡하고 성가신 세무회계에 관한 업무가 있다. 또한 각종 공과금 납부도 다 날짜와 기한이 다르므로, 이 업무도 일괄적으로 납부기한을 한 날로 정해 일괄 납부하는 방법을 쓰도록 하자.

나는 예전에 회사 경리를 직접 했다. 시중에서 파는 회계 프로그램을 사용하면 할 수 없는 일이 없었기 때문이다.

그러나 쉽게 할 수 있다고 해도 역시 그럭저럭 시간을 잡아먹히다 보니 결국 세무사에게 부탁하기로 했다. 그러자 깜짝 놀랄 정도로 마음이 가벼워졌다. 귀찮은 일은 다른 사람에게 맡기는 것이 최고다. 돈은 들지만 이런 데 쓰는 돈은 조금도 낭비하는 것이 아니다.

089

'시간은 돈이다'의 예외는?

매사추세츠 공과대학교(미국)

· · ○

'시간은 돈이다'라는 말이 있다. 우리가 시간을 절약할 수 있다면야 기꺼이 돈을 내는 것만 봐도 이 말이 옳다는 사실을 알 수 있다.

예를 들어 속달 우편이라든가, 전철의 특급 요금에 할증이 붙어 돈을 더 내야 한다는 점을 봐도 '시간은 돈이다'라는 말이 옳다는 사실을 알 수 있다.

그렇다면 사람은 시간을 절약할 수만 있다면 언제든지 기꺼이 돈을 내는가 하면 그렇지도 않다. 그것은 처한 상황에 따라 다르다. 당연히 '시간이 걸려도 별로 상관없어'라고 생각할 때도 있는 법이다.

재미있는 연구를 하나 소개하겠다.

생각 하나
바꿨을
뿐인데

매사추세츠 공과대학교의 프랑스 르클레어는 대학원생 136명에게 다음과 같이 설명했다.

- A시까지 가는 전철표: 소요 시간은 5시간
- B시까지 가는 전철표: 소요 시간은 1시간

요금은 모두 같다. 자, 어느 전철에도 특급이 있고 추가로 2달러를 내면 A시까지는 4시간 45분, B시까지는 45분이면 도착할 수 있다. "당신은 추가로 2달러를 내시겠어요?"

이렇게 질문하면 A시까지 가는 전철에서 특급을 사겠다는 사람은 고작 33%에 불과하다. B시까지 가는 전철에서는 58%가 사겠다고 대답했다. B시까지 가는 전철에서는 과반수가 특급을 사겠다는 말이다.

그런데 인간은 신기한 생물이라서 5시간 중 15분이라고 하면 그렇게 매력을 느끼지 못한다. 5시간이 4시간 45분이 되어도 그다지 기쁘지 않은 것이다. 이럴 때는 '시간은 돈이다'라고 해도 대다수가 여분의 돈을 쓰고 싶지 않다고 선택한다.

1시간이 45분이 된다면 "그것 참 좋은데!" 하지만 5시간이 4시간 45분이 되어도 "그래서 어쩌라고?" 하게 된다.

같은 15분의 시간을 절약하는데도 느끼는 방식은 확 달라진다.

090

다른 사람에게 돈을 쓸수록 행복을 느낀다

브리티시컬럼비아 대학교(캐나다)

● ●

　우리는 자신을 위해서는 얼마든지 돈을 쓰더라도 그게 남의 일이 되면 인색해질 때가 많다.

　하지만 돈을 쓸 때는 다른 사람을 위해서 쓰도록 하자. 그편이 상대도 기쁘고 자신도 행복한 기분이 들 수 있으니 말이다. 서로 행복해질 수 있으니 이처럼 돈을 좋게 쓰는 방법은 없을 것이다.

　캐나다 브리티시컬럼비아 대학교의 라라 아크닌은 2006년부터 2008년에 이루어진 갤럽 세계 조사에 관한 데이터를 분석해 보았다. 이 조사는 136개국 각 국가에서 대표 샘플을 평균적으로 1,321명을 모아 총 23만 4,917명이나 되는 사람을 대상으로 한 대규모 조사였다.

　이 조사에서는 '지난 한 달 동안 자선사업에 기부했나요?'('사회적 지출'이라고 한다)라는 설문과 '최악의 인생을 0이라고 하고 최고의 인생을 100이라고 하면 당신의 인생은 몇 점인가요?'라는 설문이 있었는데, 아크닌은 이 설문 간의 응답에 관련성이 있는지 알아보았다.

조사해보자 실제로 136개국 중 120개국에서 '다른 사람에게 돈을 쓸수록 삶의 만족도가 높아진다'는 결과를 얻었다. 가난한 나라든, 부유한 나라든 마찬가지였다.

다른 누군가를 돕기 위해 자선사업에 기부하는 것은 좋은 일이다.

'내 돈으로 누군가가 행복해질 수 있구나'라고 생각하면 왠지 마음도 따뜻해지고, 그러면서 자기 만족도도 높아진다.

이처럼 남을 도와서 자신이 행복해지는 느낌을 가질 수 있다는 것은 인생을 살면서 한번쯤 경험해볼 아주 값진 시간이 아닐 수 없다. 그래서 자원봉사나 기부행위, 독거노인 돕기, 소년소녀 가장 돕기, 자연재해지역 가서 자원봉사 하기 같은 숱한 자선행위에 참석한 사람들의 표정은 늘 밝고 행복해 보인다. 어찌 보면 일부러 자신의 귀한 시간을 투자해 이런 일들을 하는 것일 텐데도 참가한 사람들에게 물어보면 하나같이 '정말 행복하고 보람되다'는 대답이 돌아오곤 한다.

또한 세계적인 선진국일수록 아프리카 기아 난민 돕기나 자연재해 현장 봉사, 전쟁의 폐허가 된 나라 돕는 기부행위에 열심이다. 혹자는 선진국이면 당연히 그렇지 못한 나라를 돕는 게 인류 사랑의 차원에서 당연한 일 아니겠느냐고 말할 수도 있지만, 필자는 그보다는 선진 시민일수록 그런 자선봉사 행위의 가치와 행복감을 누구보다 잘 알고 있는 것이 아닐까 하는 생각을 해보게 된다.

이 조사에서는 자선사업을 대상으로 했지만, 지인이나 친구에게 돈을 써도 별로 상관없다. 친구 생일에 선물을 주거나 여행을 가서 선물을 사오는 등 다른 사람을 위해 돈을 쓰는 것은 결코 손해가 아니다. 자신도 행복한 기분이 들기 때문이다.

091

부자일수록 이기적인 사람이 많다

캘리포니아 대학교 버클리(미국)

• • •

'벼는 익을수록 고개를 숙인다'는 표현이 있는데, 이는 어디까지나 '이상형'일 뿐이다. 현실에서는 부자가 되거나 높은 자리에 오르면 고개를 숙일 줄 모르고 겸손함을 잊게 된다. 즉 부자가 될수록 이기적으로 변할 가능성이 매우 크다.

캘리포니아 대학교 버클리의 폴 피프는 교차로나 건널목에서 관찰을 했는데, 부자(타는 자동차를 보면 얼마나 지위가 높고 부유한지를 예상할 수 있다)일수록 보행자가 있는데도 무리하게 직진하거나 난폭 운전을 해 법을 위반하는 것으로 나타났다. 보행자가 제대로 건너도록 기다려 주고 안전 운전에 유의하는 것은 서민적인 차를 타는 운전자였다.

아무래도 부자가 될수록 다른 사람에 대한 배려나 염려가 사라지는 모양이다.

또 피프는 실험을 계속하여, 부자일수록 협상에서 거짓말을 하기 쉽고 자신의 이익을 극대화하려고 한다는 사실도 밝혀냈다.

왠지 '부자 중에는 이기적인 놈이 많다'는 인상을 받은 사람도 많을 듯한데, 그 말이 어느 정도 맞을지도 모르겠다.

만약 독자 여러분이 승진해서 지위가 오르거나 혹은 시작한 장사가 대박 나서 큰 부자가 되었을 때는 아무쪼록 '이기적인 놈'이 되지 않도록 유의하기를 바란다. 지위가 높아지거나 부자가 되면 이상하게도 '나는 잘났어!'라고 착각해서 인간적인 배려나 염려를 할 수 없는 일이 많으니 말이다.

스스로 잘난 사람이라고 생각하더라도 뒤에서 남들에게 욕을 잔뜩 먹는 사람이 되고 싶지는 않을 것이다. 그러니 부자가 됐을 때일수록 '벼는 익을수록 고개를 숙인다'라는 말을 떠올려야 한다.

아무리 잘나게 돼도 겸손함을 잊는다면 사람으로서는 최악이다. 그런 인간이 되지 않도록 아무쪼록 자신을 다스리는 데에 힘써 주기 바란다.

뭐, 대부분의 사람은 다행히(?) 그렇게 부자가 될 수도 없을 테니 그런 걱정을 할 필요가 없을지도 모르지만 말이다.

092

'지위'가 진상 고객을 만든다

국립중산대학교(대만)

● ○

　부자가 되면 무엇을 착각하는지 부당하게 제멋대로 굴어도 통하리라 생각한다는 사실이 알려졌다. 자신의 요구가 부당하다는 사실을 깨닫지 못하는 것이다.

　대만 국립중산대학교의 치우원빈은 비행기 승객 360명에게 "짐 무게가 규정을 초과해서 추가 비용을 내라고 할 때, 돈을 내지 않고 봐달라 부탁하면 얼마나 통할 것 같나요?"라고 물어봤다.

　그러자 이코노미 클래스 승객은 "통할 리가 없다."고 답했고, 비즈니스 클래스 승객은 "통한다."고 답했으며, 퍼스트 클래스 승객 역시 "통한다."고 답했다. 클래스가 높은 승객은 부당한 클레임조차 항공사가 '들어줄 것'이라 믿는다.

　자신의 가방에 흠집이 났으니 고쳐달라고 클레임을 건다면 항공사가 들어줄 것 같은지도 물어봤는데, 결과는 똑같았다. 이코노미 클래스 승객들은 '그런 것을 들어줄 리가 없다'고 생각하는데, 비즈니스 클래스와 퍼스트 클래스처럼 승객의 클래스가 올라감에 따라 '들어준다'는 답변이 많아졌다.

부자가 되면 부당한 요구가 통한다고 생각하는 것이다. 겸허함을 어딘가에 두고 온 것일까.

예전에 대한항공 부사장이 기내에서 제공되는 땅콩 간식이 마음에 들지 않는다고 불평하다가 여객기가 탑승 게이트로 되돌아가는 황당한 일이 벌어졌다. 평범한 사람으로서는 믿을 수 없는 일이지만, 부자가 되면 자신이 이상한 요구를 하고 있다는 사실을 깨닫지 못한다.

이 정도로 심하게 부당하지 않더라도 조금 지위가 올라가면 역시 마찬가지로 으스대기 시작하는 사람이 많을 테니 주의하자. 부하는 여러분의 노예가 아니다. 상사라고 해서 무조건 부당한 지시를 내려도 된다는 법은 없다.

아무리 그래도 땅콩 사건을 일으킨 부사장만큼 부당하게 구는 사람은 별로 없겠지만, 조금 더 수위가 낮은 부당함을 주장하는 사람은 세상에 널려 있다. '지위가 사람을 만든다'는 말이 있는데, 지위가 제멋대로인 사람을 만들어내지 않도록 조심해야 한다.

093

이사를 계기로 돈 씀씀이를 다시 본다

펜실베이니아 대학교 와튼스쿨(미국)

● ●

우리는 자신이 현재 사용하는 돈을 다시 살펴보는 일이 별로 없다. 지출 명세를 일일이 다시 보기 귀찮아서이다. 그래서 불필요한 돈을 계속 쓰는 일도 종종 있다.

펜실베이니아 대학교 와튼스쿨의 우리 시몬슨은 이사를 한 사람 928명을 대상으로 이사를 계기로 얼마나 지출 습관이 바뀌었는지 알아봤다.

예를 들어 고급 주택가에서 조금 더 일반적인 주택가로 이사한 사람은 상식적으로 생각하면 월세가 더 싼 아파트나 주택을 빌릴 수 있을 것이다. 그러나 그들은 그렇게 하지 않는다. 그때까지 비싼 돈을 내던 사람은 시세보다 높은 월세 아파트를 쉽게 빌렸다.

도시에서 시골로 이사하려는 사람이 있다고 하자. 아마 그런 사람은 시골로 이사해도 도시에 살던 때와 같은 감각으로 돈을 쓰려고 하는 법이다. 시골이 월세를 비롯해 물가 대부분은 훨씬 더 저렴하지만 이에 맞추려고 하지 않는다.

물론 몇 년 동안 시골에 살다 보면 머지않아 그 지역의 시세를 알게 되고 돈을 적게 쓰게 되겠지만, 이사하고 나서 한동안은 원래 지출하던 정도로 돈을 쓸 것이다.

나중에 '현상 유지 편향'이라는 현상을 얘기하겠지만, 이사하고도 기존의 생활 수준을 유지하려는 것 역시 현상 유지 편향이라고 할 수 있다.

이사를 할 때는 모처럼의 기회이니 불필요한 지출을 하지 않도록 이사 간 지역의 땅값과 물가를 확실히 알아두면 좋다.

094

부자가 되고 싶다면
고급 주택가에 살아서는 안 된다

카네기멜론 대학교(미국)

· ● ●

부자가 되고 싶다면 고급 주택가에 살지 않는 편이 좋다. 우리에게는 누구나 허세를 부리는 일면이 있어서 주위 사람들에게 지지 않도록 비싼 것을 사려고 하기 때문이다.

돈이란 계속 사용하는 한 언제까지고 저축할 수 없다. 그래서는 아무리 돈을 모아도 부자가 될 수 없다. 따라서 고급 주택가에는 살지 않는 편이 좋다.

'고급 주택가에 살아도 돈을 안 쓰면 되지 않을까' 생각할 수도 있다. 확실히 맞는 말이다. 그러나 현실에서는 좀처럼 그렇게 할 수 없다.

이웃 사람들이 고급 외제차를 타고 다니는데 자신만 값싼 국산 경차를 타기는 좀처럼 실천하기가 어렵다. 이웃 사람들이 모두 멋을 부리고 차려입는데 자신만 평범한 옷을 입기도 어려울 것이다. 주위 사람들에게 이상하게 보이고 싶지 않다는 마음이 작용하기 때문이다.

카네기멜론 대학교의 제프 갈락은 여성 2,007명을 5년간 추적 조사했는데, 이 조사 기간에 비싼 지역으로 이사한 사람은 주위 여성에 맞춰 비싼 물건들을 사는 것으로 나타났다.

고급스러운 장소에 살면 아무래도 돈을 쓰지 않고는 못 버티는 것이다.

따라서 돈을 모으고 싶다면 비교적 서민적인 지역으로 이사를 하는 편이 좋다. 그편이 괜한 허세를 부릴 필요도 없어지고 자연스럽게 돈이 모이게 된다.

부자가 되는 비결은 여하튼 돈을 쓰지 않는 것이다.

돈을 전혀 쓰지 않으면 비록 월급이 낮더라도 돈은 점점 모인다. 어쨌든 간에 쓰지 않으니 말이다. 부자가 되고 싶다면 되도록 돈을 쓰지 않고 끝낼 수 있도록 가능한 서민적인 장소에서 살아야 한다.

'그래도 부자들은 고급 주택가에 살고 싶지 않을까' 싶을 수도 있다. 확실히 탤런트나 스포츠 스타 등은 그렇게 생각할지 모르겠지만, 더 일반적인 부자들은 모두 서민적인 장소에 사는 법이다. 부자가 고급 주택가에 살고 있다는 것은 한낱 상상에 지나지 않는다.

095

지출의 고통은 진짜 '고통'이다

토론토 대학교(캐나다)

· · ·

일본어로 이번 달은 지출이 완전 '아프다'라고 표현하는데, 영어에도 같은 표현이 존재한다. '지불의 고통'(pain of paying)이 그것인데, 비록 나라가 다르더라도 생각은 비슷한 모양이다.

그런데 이때의 '고통'은 사실 비유적인 표현이 아니라 진짜 '고통'과 같다고 한다. 팔을 다치거나 손가락이 잘렸을 때 느끼는 신체적인 '고통'과 심리적인 고통은 전적으로 같다.

캐나다 토론토 대학교의 니나 마자르는 기능적 자기공명영상(fMRI)이라는 어마어마한 기계를 이용해 '지출이 아프다'고 느낄 때의 뇌의 활동을 알아봤다. 그러자 지출이 아프다고 느낄 때 활성화되는 뇌의 영역은 신체적인 통증을 느끼는 뇌의 영역과 같은 부위임을 알 수 있었다. '지출이 아프다'는 표현은 말 그대로 통증을 동반한다.

우리가 급하게 돈이 나가는 일이 겹쳐서 "으윽, 지출이 아프다." 고 생각할 때 우리 두뇌에서는 신체적인 통증을 느끼는 부위가 활성화된다. 우리의 두뇌는 심리적인 통증과 물리적인 통증을 나누지 않는 것이다. 전부 같은 '고통'으로 인식한다.

'지출의 고통'을 느끼지 않도록 가능한 한 계획적으로 돈을 쓰도록 하자.

충동적으로 원하는 것을 전부 사버리면 청구서를 받았을 때 예상하지 못했던 통증을 느끼게 되니 말이다. 평소에 돈을 쓸 때 확실하게 계획을 세우고 사용하는 것이 중요하다.

O96

'낙관적인 사람은 성공한다'는 말은 사실일까

텍사스 크리스천 대학교(미국)

· ·

마틴 셀리그먼이라는 저명한 심리학자가 쓴 《낙관성 학습 (Learned Optimism)》이라는 책이 있다. (원문은 『옵티미스트는 왜 성 공할까(オプティミストはなぜ成功するか)』(고단샤). 참고로 한국어판은 절 판되었다고 한다. -역자)

옵티미스트, 즉 '일을 낙관적으로 생각하는 사람'일수록 비즈니 스맨이든, 정치인이든, 운동선수이든, 연구직이든 성공하기 쉽다는 말이다. 그것 참 대단한 일이다.

서점의 비즈니스 도서 코너에 가면 '밝게 생각하자', '긍정적인 생각을 하자' 같은 제목의 책은 얼마든지 볼 수 있다.

하지만 정말 낙관적으로 생각하기만 해도 만사가 잘되는 것 일까?

미국 텍사스 크리스천 대학교의 키스 히밀레스키는 벤처 창업가 남성 163명, 여성 38명(평균 52세)을 대상으로 낙관주의 여부를 판단하는 심리테스트를 하도록 부탁했다. 참고로 이들은 미국 40개 주에서 114개 직종의 일을 한다. 다양한 업종에서 벤처 창업가를 모았다.

히밀레스키는 창업가들에게 심리테스트를 하는 한편, 최근 2년간 자사의 수익과 직원 수 증가에 관해서도 물어봤다.

그러자 놀라운 사실을 알게 되었다. '낙관주의자일수록 성공하기'는커녕 오히려 반대로 '낙관주의인 벤처 창업가의 회사일수록 실적이 나쁘다'는 사실이 밝혀졌다.

벤처 창업가가 밝은 일, 긍정적인 일, 최선의 일을 생각하는 낙관적인 유형일수록 그 창업가의 회사는 수익도 늘지 않고 직원 수도 늘지 않았다.

언제나 밝은 일만 생각하고 있어서는 안 된다.

창업가로서 성공하려면 최악의 상황도 가정해 두고 만일에 언제라도 대처할 수 있도록 대비해 두어야 한다. 즉 쉽게 불안감을 느끼고 신중하게 일을 진행하는 유형이 낙관적인 유형보다 성공할 가능성이 더 컸다.

물론 이 히밀레스키의 연구 하나만 보고 '낙관주의자는 성공하지 못한다'고 단언할 수는 없지만, "낙관적이기만 하면 모든 일이 잘된다!" 하던 셀리그먼의 주장도 사실 상당히 의심스럽다는 점은 인식해 두자.

097

비싼 물건을 살 때야말로 빠르게 결정하라

암스테르담 대학교(네덜란드)

● ●

　보통 사람들은 아무래도 좋은 생활용품(세제나 칫솔 등)을 살 때는 그렇게 고민하지 않지만, 비싼 물건(손목시계나 자동차)을 살 때는 엄청 신중하게 고민하고 또 숙고하여 살지 말지를 결정하려고 한다. 일반적으로 누구나 그럴 것이다.

　하지만 심리학적 관점에서 조언하자면 반대로 하는 편이 좋다. 즉 생활용품을 살 때는 곰곰이 생각해도 되지만, 고가 제품을 살 때는 자신의 직감에 따라서 "에라이!" 하고 한순간에 결정하는 편이 좋다. 그래야 후회하는 일이 적어지기 때문이다.

　네덜란드 암스테르담 대학교의 압 데익스테르후이스는 고급 가구점에서 쇼핑한 27명과 생활용품을 쇼핑한 27명에게 물건을 살 때 얼마나 고민했는지 물어보았다. 그리고 연락처를 받아서 몇 주

후에 "그때 산 물건에 지금 얼마나 만족하세요?"라고 물어봤다.

데익스테르후이스는 사기 전에 고민했던 그룹을 득점의 중앙값에 따라 '많이 고민한' 그룹과 '별로 고민하지 않았던' 그룹으로 나누어 분석해 봤는데, 나중에 물어보면 고민하지 않았던 그룹이 고급 가구를 구매했을 때는 만족도가 높았다. 반대로 생활용품에서는 많은 고민을 하고 산 사람의 만족도가 높았다.

비싼 물건을 살 때 고민하면 고민할수록 영문을 모르게 되어 설령 어떤 상품으로 골라도 '정말 이게 최선의 선택인가?' 하는 마음에 사로잡힌다. 구매한 후에도 자기 결정을 자신할 수 없어 번민하는 마음이 계속 든다. 그래서 만족도가 떨어지는 것이다.

따라서 비싼 물건을 살 때는 차라리 직감에 따라 재빠르게 결정해 버리는 편이 후회하지 않는다.

자동차나 아파트, 신축 주택 등 비싼 것을 쇼핑할 때는 이것저것 고민이 되겠지만 사실 후딱 결정해 버리는 편이 좋다. 그러는 편이 후회스럽지 않고 만족도도 높아진다.

오히려 생활용품을 살 때 고민하자. 고민하고 좋은 제품을 선택하는 편이 "이야, 만족스러운 쇼핑이었어!" 하고 만족감이 높아지니 말이다.

098

내 안의 '현상 유지 편향'에 주의하라

보스턴 대학교(미국)

• •

우리는 여간한 일이 없는 한은 현상을 그대로 유지하려고 한다. 이를 심리학에서는 '현상 유지 편향'이라고 한다. '편향'이란 '마음의 뒤틀림' 정도로 이해하면 된다. 현상을 바꾸기는 귀찮으니 바꾸지 않아도 된다고 생각하는 심리 경향을 현상 유지 편향이라고 한다.

일단 회사에 취직하면 대부분의 사람은 그 회사를 그만두려고 하지 않는다. 일단 결혼하면 일부러 이혼할 생각도 하지 않는다. 일단 스포츠 짐에 가입하면 다른 데서 더 좋아 보이는 스포츠 짐을 발견해도 그쪽으로 갈아탈 생각을 하지 않는다. 이렇게 현상 유지 편향은 다양한 곳에서 관찰할 수 있다.

보스턴 대학교의 윌리엄 새뮤얼슨은 작은할아버지에게 유산을 상속받았다고 하고 그 유산을 어디에 투자할지 결정하는 실험을 해보았다.

투자처에는 리스크가 높은 회사도 있고, 낮은 회사도 있었다. 단, 한 그룹에만 "당신은 이미 A사에 투자했어요."라는 한 문장이 덧붙여져 있었다. 그러자 이 그룹만은 A사의 리스크가 높고 낮음과 무관하게 A사에 대한 투자를 늘리기로 선택했다.

여러 투자처가 있어도 이미 어딘가에 투자했다면 다른 회사는 생각하지 않게 된다. '이제 여기 회사면 됐다'고 판단하기 때문이다.

거래처도 그렇고 일단 관계가 생기면 대다수의 사람들은 그 회사하고만 어울리려고 하고, 새로운 거래처를 찾으려는 마음도 갖지 않게 된다. 이것도 현상 유지 편향이라고 할 수 있다.

현상 유지 편향은 좋은 방향으로 작용하기도 하지만, 당연히 나쁜 방향으로 작용하기도 한다. 예를 들면 상황이 바뀌어서 다른 선택지를 고르는 편이 좋다는 사실이 명확해졌는데도 사람들은 현상 유지를 이어가려고 한다. 망할 것 같은 회사에서 언제까지나 도망치지 않고 도산할 때까지 계속 눌러앉아 있을 때는 현상 유지 편향이 나쁜 방향으로 작용하고 있다고 할 수 있다.

결혼한 후에 남편이 술에 취하면 폭력을 행사하는 남성으로 판명되어도 좀처럼 이혼을 단행할 수 없는 여성 역시 현상 유지 편향에 얽매여 있다고 볼 수 있다.

099

사실 큰 꿈을 갖지 않는 편이 좋다

일리노이 대학교(미국)

• •

보통 큰 꿈을 그리면 좋은 일이라고 여긴다.

"나중에는 깜짝 놀랄 만한 대저택에 살고 싶어!"

"다 쓸 수 없을 만큼의 자산을 남기고 싶어!"

그런 꿈을 꾸면 일에 대한 의욕도 높아진다.

그렇지만 그러한 소원이 사실은 좋지 않을 수 있다고 지적하는 심리학자도 있다. 바로 일리노이 대학교의 캐럴 니커슨이다. 니커슨은 아메리칸 드림의 어두운 면(부정적인 측면)에 관해 연구하고 있다.

니커슨은 1976년에 21개 대학에 입학한 신입생을 약 20년 후에 재조사했다. 조사한 21개 대학에서 신입생들에게 "당신에게 경제적으로 성공하는 것은 얼마나 중요한 일인가요?"라고 질문하고 그 답변을 모았다. 즉 얼마나 큰 꿈이 있는지를 조사한 것이다.

조사해보자 대학 입학 시에 웅대한 아메리칸 드림을 가졌던 사람일수록 20년 후의 수입이 높은 것으로 나타났다.

'뭐야, 역시 큰 꿈을 가지면 좋잖아'라고 생각할지도 모른다. 하지만 니커슨의 연구는 여기서 끝나지 않았다.

그들에게 "당신은 지금 인생에 얼마나 만족하시나요?"라고 묻자 대학 입학 때 아메리칸 드림을 꿈꾸고 있는 데다가 현재 수입이 높은 사람일수록 어째서인지 인생 만족도가 낮다는 사실도 밝혀졌다.

왜 인생 만족도가 낮아지는가 하면 분명 일에서는 성공했을 수도 있지만 그 때문에 가족이나 친구들을 희생하기도 하기 때문이다. 가정을 돌보지 않고 친구들과 놀지도 않고 오로지 일에 몰두한 결과 문득 정신을 차려보니 부자가 되기는 했지만 만족할 만한 삶은 아니라는 것이다.

큰 꿈을 가지는 것은 좋은 일이지만, 그로 인해 가족을 희생하거나 인간관계를 희생해서는 행복한 삶을 살 수 없다.

적당히 하라고 해야 할까. 자신의 분수에 맞는 꿈을 가지고 그럭저럭 성공할 수 있으면 됐다고 생각하는 편이 좋다. 일도, 사생활도 둘 다 만족해야 인생이 더 즐거워질 테니 말이다.

100

풍요의 대가

폼페우 파브라 대학교(스페인)

· · ·

여러분은 돈이 많아서 자유로이 해외여행을 다니는 사람을 어떻게 생각하는가? 아마도 부럽다고 생각할 것이다. 여러분은 고급 음식점에서 매일같이 맛있는 음식을 먹고 입맛을 다시는 사람을 어떻게 생각하는가? '나도 그런 생활을 해보고 싶어!'라고 생각하지 않을까.

확실히 넘쳐날 정도로 돈이 많고 풍요로운 생활을 하는 사람이 부러울 수는 있지만, 인간의 심리는 정말 요상해서 정작 그런 생활을 하는 사람은 사실 그렇게 감동하지도 않는다. 이미 그런 생활에 '익숙'해져 버려서 기쁘거나 별다른 느낌이 들지도 않는다.

스페인 바르셀로나에 있는 폼페우 파브라 대학교의 조르디 퀴이드벅은 온라인으로 모집한 415명(평균 35.7세)에게 해외여행을 한 경험이 몇 차례 있는지를 물었다.

더불어 만약 무료 해외여행 티켓을 얻었다면 얼마나 기대하며 기다릴지, 여행 중에 얼마나 즐길 수 있을지, 여행에서 돌아와 얼마나 즐거운 경험이었는가 다른 사람에게 말할 것 같은지도 물어봤다.

그러자 이미 해외여행 경험이 풍부한 사람은 여행 전에 두근거리는 법이 없고, 여행 중에 흥분하지도 않으며, 여행에서 돌아와도 즐거운 여운에 젖지 않는다는 사실을 알았다.

쿼이드벅은 풍요에는 대가가 따르기 마련이고 부유한 사람은 흥분, 쾌감, 환희를 느낄 수 없게 된다고 지적했다. 풍요로운 사람에게는 풍요로운 사람 나름의 괴로움이 있는 것 같다.

아주 아주 평범한 생활을 하고 있다면 아주 작은 일에도 기뻐할 수 있다.

외식을 별로 하지 않는 사람은 저렴한 음식점에서 밥을 먹어도 굉장히 맛있다고 생각할 것이다. 근처 라면 가게에서 한 그릇에 몇천 원짜리 라면을 먹어도 감격할 것이다. 그런 점에서 고급 음식점에 익숙해져 버린 사람에게는 어디에서 무엇을 먹어도 '흐음' 하고 말 정도로 음식이 그렇게 맛있게 느껴지지 않는다. 그렇게 생각하면 도대체 어느 쪽이 정말 행복한지 알 수 없다.

나는 아주 작은 일에도 커다란 기쁨을 느끼고 싶은 유형이기에 내심 '그렇게 풍요로워지지 않아도 될 것 같아'라고 생각한다.

당신의 인생을 바꿔줄
부와 성공을 만드는 행동 심리학

생각 하나 바꿨을 뿐인데

1판 1쇄 인쇄 2022년 8월 10일
1판 1쇄 발행 2022년 8월 15일

지은이 나이토 요시히토
옮긴이 박수현

펴낸이 박효완
편집주간 맹한승
디자인 투에스북디자인
마케팅 신용천
펴낸곳 아이템하우스

등록번호 제2001-000315호
등록일 2001년 8월 7일

주소 서울시 마포구 동교로 75(망원동), 전원빌딩 301호
전화 02-332-4337
팩스 02-3141-4347
이메일 itembooks@nate.com

※ 파본이나 잘못된 책은 교환해 드립니다.